PRESSÃO ALTA E STRESS: O QUE FAZER AGORA?

UM GUIA DE VIDA PARA O HIPERTENSO

MARILDA LIPP
JOÃO CARLOS ROCHA

PRESSÃO ALTA E STRESS: O QUE FAZER AGORA?

UM GUIA DE VIDA PARA O HIPERTENSO

PAPIRUS EDITORA

Capa: Fernando Cornacchia
Foto de capa: Rennato Testa
Coordenação: Beatriz Marchesini
Diagramação: DPG Ltda.
Copidesque: Mônica Saddy Martins
Revisão: Ana Carolina Freitas,
Caroline N. Vieira e Pamela Andrade

Dados Internacionais de Catalogação na Publicação (CIP)
(Câmara Brasileira do Livro, SP, Brasil)

Lipp, Marilda
 Pressão alta e stress: o que fazer agora?: um guia de vida para o hipertenso/Marilda Lipp, João Carlos Rocha. — Campinas, SP: Papirus, 2007.

Inclui CD.
Bibliografia.
ISBN 978-85-308-0852-5

1. Administração do estresse 2. Estresse (Psicologia) - Prevenção 3. Estresse (Psicologia) – Tratamento 4. Hipertensão - Prevenção 5. Hipertensão - Tratamento 6. Qualidade de vida I. Rocha, João Carlos. II. Título.

CDD-616.98   07-8770 NLM-WM 172

Índice para catálogo sistemático:
1. Estresse emocional e hipertensão : Medicina 616.98
2. Hipertensão e estresse emocional : Medicina 616.98

Proibida a reprodução total ou parcial da obra de acordo com a lei 9.610/98. Editora afiliada à Associação Brasileira dos Direitos Reprográficos (ABDR).

DIREITOS RESERVADOS PARA A LÍNGUA PORTUGUESA:
© M.R. Cornacchia Livraria e Editora Ltda. – Papirus Editora
Fone/fax: (19) 3272-4500 – Campinas – São Paulo – Brasil
E-mail: editora@papirus.com.br – www.papirus.com.br

ABREVIATURAS UTILIZADAS

AVC – acidente vascular cerebral
AVCH – acidente vascular cerebral hemorrágico
DC – débito cardíaco
HA – hipertensão arterial
HAS – hipertensão arterial sistêmica
HVD – hipertrofia do ventrículo direito
HVE – hipertrofia do ventrículo esquerdo
ICC – insuficiência cardíaca congestiva
mmHg – milímetro de mercúrio
OMS – Organização Mundial da Saúde
PA – pressão arterial
PAD – pressão arterial diastólica
PAM – pressão arterial média
PAS – pressão arterial sistólica
QV – qualidade de vida

RVP — resistência vascular periférica
TCS — treino psicológico de controle do *stress*
VD — ventrículo direito
VE — ventrículo esquerdo

SUMÁRIO

INTRODUÇÃO 9

1. HIPERTENSÃO ARTERIAL 15

2. O *STRESS* EMOCIONAL 41

3. CAUSAS DO *STRESS* 49

4. SINTOMAS DO *STRESS* E SEU EFEITO NA PRESSÃO ARTERIAL 67

5. SUA PRESSÃO ESTÁ ALTA: COMO VOCÊ REAGE AO DESCOBRIR QUE ESTÁ HIPERTENSO? 73

6. ADESÃO AO TRATAMENTO: A RESPONSABILIDADE PELA SUA VIDA É INDELEGÁVEL! 77

7. A QUALIDADE DE VIDA DO HIPERTENSO 81

8. O HIPERTENSO E SEU MODO DE SER 85

9. A ABORDAGEM MULTIPROFISSIONAL DO TRATAMENTO DA HIPERTENSÃO 89

CONCLUSÃO 95

INTRODUÇÃO

O que você sabe sobre hipertensão?

O *stress* emocional da vida moderna leva o ser humano a um estado permanente de tensão física e mental que pode ser somatizada, isto é, manifestar-se no corpo, na forma de várias doenças, inclusive pressão alta. As pesquisas indicam que o nível de *stress* está aumentando em nossa sociedade, desse modo, considerando a influência do *stress* na pressão arterial, o número de pessoas com pressão alta deve também sofrer aumento. Não há como evitar o *stress* totalmente nem há cura para a hipertensão, mas ambos podem ser controlados. A idéia central deste livro é capacitar você, leitor, para assumir o manejo correto do *stress* diário e conseguir manter sua pressão arterial sob controle. Pretende também oferecer subsídios para profissionais que trabalham com pessoas hipertensas.

Este livro apresenta uma visão interdisciplinar, de um médico e de uma psicóloga, quanto ao tratamento da hipertensão arterial, muitas vezes desencadeada ou intensificada pelo *stress* emocional excessivo e continuado. Por meio de exercícios de reflexão, o leitor é levado a entender seu papel na determinação de sua qualidade de vida e a assumir a responsabilidade pelo próprio desenrolar de sua existência. A meta prioritária é o autodesenvolvimento do hipertenso na busca de hábitos saudáveis e de um estilo de vida contemporâneo, porém, voltado para a auto-realização e para o cultivo de estratégias de enfrentamento da vida moderna que permitam preservar valores, autocuidado e riqueza interior. Além de conceitos básicos, explicados em linguagem acessível, sobre o *stress* e o que é hipertensão e suas várias implicações, o livro cobre aspectos emocionais da qualidade de vida, o autocontrole diante de situações eliciadoras de *stress* e de raiva, a compreensão da influência do padrão típico do pensamento de cada um no seu estado emocional, alimentação anti-*stress* e adequada ao hipertenso, exercício físico apropriado, medicamentos e dúvidas que sempre surgem sobre eles, a sexualidade do hipertenso e como ela pode ser afetada pela medicação, a alexitimia (dificuldade de saber o que se está sentindo) e a *inassertividade* (dificuldade de dizer não) que tanto atrapalham as relações interpessoais das pessoas hipertensas, os cuidados não farmacológicos a serem tomados, as complicações que podem surgir pela não-adesão aos tratamentos. A importância das ligas de hipertensão na comunidade e, acima de tudo, a felicidade que o hipertenso pode atingir, com o devido controle da pressão arterial e do *stress* em sua vida. Casos ilustrativos são apresentados a fim de tornar a leitura mais amena e interessante. O CD oferece um relaxamento especialmente elaborado para a pessoa hipertensa.

Através dos anos, temos trabalhado com dezenas de pacientes que, como você, preocupam-se em prevenir doenças e travam uma batalha séria para que a pressão arterial permaneça em níveis aceitáveis. Com toda a razão, uma vez que a hipertensão arterial, ou pressão alta, quando não cuidada, representa um perigo grande, pois pode levar a uma série de doenças, como acidente vascular cerebral (derrame), enfarte do miocárdio, insuficiência renal, cegueira e morte.

A primeira mensagem que gostaríamos de passar é a de que não é sua culpa se você se tornou hipertenso. Os cientistas ainda não sabem com certeza o que causa a pressão alta, embora já se saiba muito bem que fatores aumentam a chance de alguém vir a se tornar hipertenso. Não é sua culpa se a hipertensão surgiu, mas é sua responsabilidade mantê-la sob controle. Por isso, este livro tenta oferecer várias sugestões sobre o que você pode fazer para se ajudar. E saiba que você não está sozinho, pois sofre de uma doença que afeta mais de 30 milhões de brasileiros. Considerando-se que 35% dos óbitos no Brasil se devem a doenças cardiovasculares, não é prudente ignorar essa condição. Por incrível que possa parecer, uma pesquisa realizada pela Sociedade Brasileira de Cardiologia (SBC) revelou que aproximadamente 48% das pessoas com pressão alta sabem do problema, mas não se tratam. Isso revela desconsideração para com a própria vida e pode ter conseqüências graves. Se você está lendo este livro, é porque já entendeu que não pode estar entre aqueles que não cuidam da pressão arterial. O primeiro passo para se ajudar é entender o máximo possível sobre o mecanismo que controla a pressão arterial. Quanto mais você souber, mais chance terá de acertar nas medidas que podem ajudar no seu controle. Verifique a seguir como está seu conhecimento atual sobre a hipertensão.

Teste seu conhecimento sobre hipertensão

Assinale a resposta que achar correta.

1. Pesquisas indicam que, no Brasil, nos últimos 30 anos, o número de complicações associadas à pressão alta:
   a) aumentou em 10% os derrames
   b) diminuiu em 20% os derrames
   c) diminuiu em 40% os enfartes
   d) aumentou em 20% os enfartes

2. Uma das possíveis causas de aumento de pressão arterial é:
   a) muito sal na alimentação
   b) bebida alcoólica
   c) o médico medir a pressão
   d) todas acima

3. Pressão alta representa perigo, mas a pressão muito baixa também é perigosa:
   a) verdadeiro
   b) falso

4. Das medidas abaixo, ajuda(m) a reduzir temporariamente a pressão arterial:
   a) caminhar ☐
   b) tomar chá ☐
   c) tomar vinho ☐
   d) todas acima ☐

5. Pressão alta, não tratada, pode causar dano para:
   a) artérias ☐
   b) rins ☐
   c) coração ☐
   d) todas acima ☐

6. O percentual de crianças em idade escolar com pressão alta nos EUA é de aproximadamente:
   a) 10% a 15% ☐
   b) 1% a 5% ☐
   c) 20% a 35% ☐
   d) 0% ☐

Respostas

- *Questão 1* – A correta é a letra b. Nos últimos 30 anos, foi registrada no Brasil uma redução de cerca de 20% em derrames cerebrais, ao passo que, nos Estados Unidos, essa redução foi mais expressiva, aproximando-se dos 60%. Pode-se até inferir a qualidade de controle de hipertensão arterial num país pelo declínio do número de derrames.

- *Questão 2* – A correta é a letra d. Quando o médico mede a pressão, pode ocorrer um aumento temporário. Esse fenômeno é conhecido como "hipertensão do jaleco branco". Pode ocorrer também quando se ingere bebida alcoólica e, em pessoas sensíveis ao sódio, quando se come muito sal.

- *Questão 3* – A correta é a letra b. Existe uma crença de que pressão baixa é doença e causa sintomas, o que é falso. A pressão arterial baixa, desde que haja nutrição dos tecidos, é sempre benéfica e protege o coração e os vasos.
- *Questão 4* – A correta é a letra a. A última diretriz americana para diagnosticar e tratar a hipertensão arterial indica que exercícios de 30 minutos várias vezes na semana podem reduzir a pressão arterial em até 9 mmHg.
- *Questão 5* – A correta é a letra d. A pressão alta aumenta o trabalho cardíaco, o que pode levar à insuficiência cardíaca. Além de alterar estruturalmente as artérias e os rins, comprometendo suas funções.
- *Questão 6* – A correta é a letra a. A obesidade infantil está aumentando muito, como também se tem verificado um aumento do sedentarismo em crianças que, em vez de praticar esportes, permanecem várias horas na frente da televisão ou do computador. Esses fatores provavelmente contribuem para um aumento de pressão nas crianças. Num levantamento em escolas na cidade do Rio de Janeiro, 5% das crianças em idade escolar eram hipertensas, a maioria delas obesa.

Resultado: quanto mais respostas você acertou, melhor está o seu conhecimento sobre hipertensão. Caso não tenha acertado muito, tente ler mais sobre o assunto, pois saber sobre a doença que temos é o primeiro passo para lidar com ela adequadamente.

Muitas vezes, os pacientes dizem que o médico não consegue controlar a pressão, que está cada vez mais alta, que o tratamento não está funcionando. Nesses casos, é importante perguntar se eles, os pacientes, estão colaborando tanto quanto poderiam, assumindo a responsabilidade pela sua saúde, ou se estão somente deixando nas mãos do profissional o cuidado da pressão. O médico é responsável pelo tratamento, mas a saúde de cada um é de responsabilidade primeira da própria pessoa. Ela não pode deixar tudo nas mãos do médico, cada um precisa ver em que pode contribuir para melhorar. Lembre-se, é a *sua* saúde, portanto, é *sua* responsabilidade também. Ninguém tem mais responsabilidade pela sua vida do que você mesmo.

As diretrizes brasileiras para o tratamento e controle de hipertensão arterial, que já estão na sua quinta versão, publicadas para médicos e outros profissionais da saúde, mencionam que o tratamento da hipertensão arterial deve incluir o controle do *stress*. Assim, é importante que o público hipertenso consiga entender e aprender estratégias de enfrentamento do *stress*. Este livro vai ajudá-lo a entender o que é hipertensão, por que é tão importante seguir fielmente o tratamento recomendado e como se pode lidar com o *stress*, de modo que a pressão não suba a cada momento em que se tenha de enfrentar uma situação difícil. Você vai aprender como o mecanismo de controle da pressão arterial funciona e o que você pode fazer para assumir o controle de sua pressão. Levar-lhe-á também a refletir sobre sua vida e como seus hábitos conduzem a um estilo de viver que pode preservar a saúde ou comprometer a qualidade de vida do presente e do futuro.

Tentamos diminuir ao máximo os termos técnicos e usar uma linguagem bem coloquial, porém, em alguns momentos, você poderá se deparar com certas palavras científicas, como os nomes dos hormônios e do sistema nervoso, que talvez não lhe interessem. Nesses casos, não leia a parte mais técnica, que foi incluída para aqueles que possam necessitar de informações mais detalhadas, e prossiga com a leitura. Não se preocupe com isso; mesmo pulando alguns termos, o livro certamente será de grande valia para você entender melhor e manejar o *stress* e a hipertensão. Sugerimos que responda a todos os testes incluídos no livro e, após terminar a leitura, volte e os refaça, a fim de saber se, de fato, o que leu lhe ajudou a entender e lidar melhor com o *stress* da sua vida e com sua pressão arterial.

1
HIPERTENSÃO ARTERIAL

A partir da segunda metade do século XX, as doenças infecciosas deixaram de ser a principal causa de morte na população em geral. No Brasil, desde 1963, as doenças cardiovasculares superaram as causas infecciosas, sendo responsáveis por 27% dos óbitos que ocorreram no país, fato que, vários anos antes, já havia sido registrado em países mais desenvolvidos.

Já na primeira metade do século XX, dados das grandes companhias de seguro indicavam a relação entre níveis de pressão arterial e mortalidade entre seus segurados. Pequenos aumentos de pressão promovem progressiva diminuição na expectativa de vida, como pode ser visto na Tabela I.

Tabela I. Expectativa de vida para homens
com 35 anos em função dos níveis tensionais

Pressão arterial	Esperança de vida	Redução observada
120/80	+41 anos e 1/2	---
130/90	+37 anos e 1/2	10%
140/95	+32 anos e 1/2	22%
150/100	+25 anos	40%

A hipertensão arterial é a mais prevalente das doenças cardiovasculares e sua mais importante causa. Segundo dados da Organização Mundial da Saúde, a terceira causa mais prevalente no obituário mundial.

Entre as doenças cardiovasculares, a doença cerebrovascular ou acidente vascular cerebral (AVC), popularmente chamado de derrame cerebral, e o infarto do miocárdio são as mais prevalentes e as que mais contribuem para a incapacidade e a morte.

Os programas de prevenção e tratamento das causas dessas doenças mostraram um declínio acentuado delas, que começou em 1970. Os EUA já apresentam uma redução de 60% da mortalidade por doenças cerebrovasculares e 53% por doenças coronarianas. No Brasil, esses números são ainda mais reduzidos, 20% para os derrames e 13% para os infartos. Apesar de todos os esforços, o controle da pressão arterial ainda não é adequado. Nos EUA, um país extremamente desenvolvido e voltado para o controle dessa doença, apenas 30% dos pacientes têm a pressão arterial controlada. No Brasil, não se tem dados oficiais, estima-se que o número de hipertensos tratados e controlados não chegue a 10%.

Dentre os fatores que influenciam a falta de sucesso terapêutico, podemos citar o fato de a hipertensão arterial ser uma doença assintomática, a falta de compreensão da doença e a não-adesão total ao tratamento por parte dos pacientes. No meio médico, costumava-se dizer que a hipertensão é a doença dos meios, ou seja, metade dos hipertensos não sabe que é doente (falta de aferir a pressão), metade dos que sabem não se trata (falta de sintomas e desconhecimento da gravidade), dos que se tratam, somente a metade controla (falta de adesão). Com essa conta simples, chega-se facilmente ao número 12,5% de hipertensos controlados, ou seja, 87,5% dos hipertensos correm risco por falta de tratamento.

O objetivo deste capítulo é esclarecer o que é hipertensão arterial, quais são as suas causas, como lidar com elas e quais são os mitos e as verdades sobre a hipertensão, para que exista uma perfeita sintonia entre o paciente e o médico, com o objetivo de atingir a meta proposta, ou seja, o controle da pressão arterial elevada. O paciente tem de ser parte ativa desse processo.

O que é pressão arterial (PA)

Pressão arterial é a pressão exercida pelo sangue nas paredes dos vasos sanguíneos. Ela é variável de momento para momento. Seu nível é determinado, em última análise, pela força de propulsão da bomba cardíaca (bombeamento do coração, também chamado de débito cardíaco) e pela resistência ao fluxo sanguíneo oferecida pelas artérias (resistência vascular periférica). Portanto, pode-se exemplificar e simplificar a pressão arterial na seguinte equação:

> *Pressão arterial = débito cardíaco (DC) x resistência vascular periférica (RVP)*

Num sistema rígido, se tivermos uma bomba injetando líquido, toda vez que houver a ejeção de líquido, a pressão subirá e toda vez que a bomba relaxar para encher novamente, a pressão cairá a zero. No corpo humano, o processo é semelhante, porém, com algumas peculiaridades. A bomba é o coração, que ejeta nas artérias uma quantidade de sangue que varia de acordo com a freqüência cardíaca, entre 60 e 100 batimentos por minuto. As artérias, que são o sistema que recebe esse sangue, por serem elásticas, dilatam-se quando o coração se contrai (sístole) e permanecem com um tônus para manter uma pressão terminal quando o coração se relaxa (diástole). De tal forma que, a dilatação atenua a grande elevação da pressão arterial durante a sístole, e a pressão final exercida pela parede das artérias, que é a pressão durante a diástole, impede que a pressão caia a zero, mantendo um fluxo contínuo e não um fluxo intermitente, como seria o caso de uma bomba num circuito fechado rígido.

Para que serve a pressão arterial

Em última análise, a pressão arterial serve para nutrir os tecidos e as células. Os vasos que levam o sangue que sai do coração são as artérias, que são dotadas de várias camadas espessas e elásticas para se adaptarem às grandes variações de pressão. A aorta é a artéria principal que sai do coração, especificamente do ventrículo esquerdo. Ela vai se ramificando e esses seus ramos vão se dividindo e mudando de estrutura até se tornarem muito finos e permitirem a troca de substâncias com os tecidos; esses vasos finos são os capilares. Os produtos nutritivos, principalmente o oxigênio, saem dos capilares para nutrir as células, os produtos indesejáveis (na outra ponta do sistema) voltam para os capilares e a corrente sanguínea irá fazer o percurso inverso, agrupando-se a vasos maiores, porém, com estrutura diferente, menos elástica e menos resistente, que são as veias que levam o sangue novamente para o coração. A pressão no sistema venoso é bem menor que no arterial. A pressão no sistema venoso é medida em centímetros (cm) de água e no arterial em milímetros de mercúrio (mmHg), que é 13,8 vezes maior que a água.

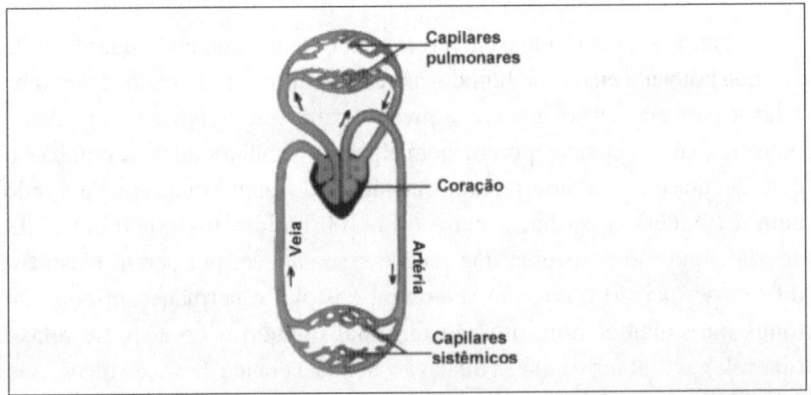

Sem pressão arterial, não existiria troca nos capilares; não havendo troca não pode haver vida. Dentro desse sistema fechado, intercala-se ainda o rim, que é um sistema no qual a artéria renal está conectada a um filtro (glomérulo renal) que, pela filtração, consegue regular a quantidade de água no organismo, aumentando a diurese quando há excesso e diminuindo quando há falta (desidratação). Tem também a função de eliminar os produtos indesejáveis do organismo. A pressão arterial é fundamental para que haja a filtração renal.

A pressão arterial é regulada por vários mecanismos ligados ao sistema nervoso central, que interfere aumentando ou diminuindo o débito cardíaco, a resistência periférica, a excreção de líquidos pelo rim, visando manter a pressão arterial dentro dos limites convencionais e adaptando o organismo às condições do dia-a-dia. Se fizermos um esforço físico, por exemplo, por mecanismo reflexo, haverá aumento da freqüência cardíaca e a pressão arterial irá se elevar para suprir a necessidade dos músculos em exercício. Por outro lado, quando repousamos ou dormimos, a pressão arterial cai, adaptando-se ao menor consumo energético. Além do sistema nervoso, hormônios produzidos no próprio rim (renina), nas glândulas adrenais (aldosterona, cortisona), na hipófise (vasopressina), na tireóide e vários outros agem por mecanismos reflexos, aumentando ou diminuindo o tônus vascular, o débito cardíaco e o volume de urina, fazendo variar a pressão arterial de acordo com as necessidades do momento. Portanto, a pressão arterial não é estável, ela sofre variações fisiológicas durante o dia, adaptando-se às necessidades metabólicas. Mais recentemente, descobriu-se que o endotélio das artérias (camada fina e lisa que as recobre internamente) não é um mero tecido que permite ao sangue fluir com regularidade. O endotélio é dotado de função que regula o calibre das artérias, controlando a pressão arterial. A hipertensão arterial ocorre quando um ou mais desses mecanismos se altera.

Uma vez elevada, a pressão arterial causa danos ao aparelho cardiovascular todo. O coração se hipertrofia para vencer uma pressão mais alta, o trabalho cardíaco aumenta e pode levar o coração à falência funcional (insuficiência cardíaca). As artérias também se hipertrofiam, perdem a elasticidade, tornam-se mais rígidas, o que contribui para elevar ainda mais a pressão. O endotélio alterado pelo aumento da pressão perde sua função reguladora, e começa a haver deposição de gordura na parede arterial, iniciando ou agravando o processo de arteriosclerose, o que contribui para a deterioração de todos os órgãos, sendo o coração, o cérebro e os rins os mais afetados.

O que seria uma pressão arterial normal

A pressão arterial normal não é a média da pressão de uma população. Pressão arterial normal é, em última análise, o nível mais baixo desejável para se manter as trocas com os tecidos sem causar risco cardiovascular, ou seja, a normalidade da pressão arterial seria encarada como aquela que representasse o menor risco cardiovascular.

A pressão arterial varia com a idade, é mais baixa na criança e aumenta até a idade adulta. A hipertensão arterial, por sua vez, é rara nas crianças, porém, a partir dos 35 anos, começa a aumentar sua prevalência, chegando a aproximadamente 60% nos indivíduos com mais de 60 anos de idade. Em média, estima-se que entre 25% e 30% da população acima dos 18 anos seja hipertensa.

Não existe nenhuma maneira de saber quão elevada está a pressão arterial se ela não for aferida, ou seja, somente medindo a pressão é que se consegue detectar se ela está dentro dos limites normais. Os aparelhos utilizados para esse fim são chamados de *esfigmomanômetros*. Podem ser de mercúrio, aneróides ou eletrônicos e devem ser devidamente calibrados para estarem aptos a aferir corretamente o valor da pressão arterial.

Quando aferimos a pressão arterial, temos de levar em consideração dois valores: o primeiro, que é a pressão sistólica, a pressão decorrente da contração do coração, e o segundo, a pressão diastólica, que mede a resistência vascular periférica. Esses valores geralmente são expressos em milímetros de mercúrio (mmHg), mundialmente convencionados, embora no Brasil se use comumente cmHg: 120/80 mmHg ou 12/8 cmHg, em que 12 é a pressão sistólica (PAS) e 8 é a pressão diastólica (PAD).

Como 1 cm é igual a 10 mm, valores expressos em centímetros induzem a um arredondamento de até 10 mm, o que é incorreto. Estudos epidemiológicos revelam que valores de 3 mm são capazes de modificar a morbidade e a mortalidade de uma população. Devemos sempre nos referir aos valores exatos aferidos 124/86 mmHg e não 12/8, como é usual, pelos motivos acima exemplificados.

Os estudos epidemiológicos têm mostrado que valores acima de 115/75 mmHg representam maior risco cardiovascular. Considera-se pressão arterial desejável aquela que apresente valor menor que 120/80 mmHg.

Já dissemos anteriormente que a pressão arterial é mais baixa na criança e que aumenta até a idade adulta. O valor de 120/80 mmHg é limítrofe para qualquer idade acima de 18 anos. É errôneo pensar que nos idosos a pressão arterial deve ser mais elevada. O que ocorre é que a prevalência de hipertensão é maior nos idosos, o que não é fisiológico, é doença, é risco cardiovascular. A pressão arterial no idoso deve ser tratada até com mais cuidado, pelo fato de representar maior risco.

Várias entidades médicas no mundo todo têm as suas diretrizes e indicam quais valores de pressão arterial são normais para crianças e adultos. O que existe em comum entre elas é que, toda vez que se eleva a pressão arterial o risco cardiovascular aumenta. Portanto, o motivo pelo qual se deve cuidar da pressão arterial é o de minimizar ou evitar as conseqüências maléficas no aparelho cardiovascular. A pressão arterial não é o único fato que deve ser levado em consideração, pois outros fatores de risco também ocorrem e causam danos ao aparelho cardiovascular. Os mais importantes e prevalentes estão enumerados na Tabela II.

Tabela II. Componentes para a estratificação do risco individual dos pacientes em razão da presença de fatores de risco e de lesão em órgãos-alvo

Fatores de risco maiores
• Tabagismo
• Dislipidemias
• Diabetes melito
• Idade acima de 60 anos
• História familiar de doença cardiovascular em:
- Mulheres com menos de 65 anos
- Homens com menos de 55 anos
Lesões em órgãos-alvo e doenças cardiovasculares
• Doenças cardíacas
- Hipertrofia do ventrículo esquerdo
- Angina do peito ou infarto do miocárdio prévio
- Revascularização miocárdica prévia
- Insuficiência cardíaca
• Episódio isquêmico ou acidente vascular cerebral
• Nefropatia
• Doença vascular arterial de extremidades
• Retinopatia hipertensiva

Como diagnosticar a hipertensão arterial

A hipertensão arterial é basicamente uma doença assintomática, ou seja, não produz sintomas. A única maneira de diagnosticar hipertensão é medindo a pressão arterial. Sintomas como dores de cabeça, zumbido nos ouvidos, perturbações visuais e até sangramento nasal, comumente atribuídos à hipertensão, não são comprovados em investigações clínicas mais rigorosas. Embora muitos pacientes relatem que sabem quando sua pressão está alterada – pois, na presença de um sintoma qualquer, ao medi-la, comprovam uma alteração –, na verdade, ao aferirem a pressão somente naquele momento, acabam estabelecendo uma relação que não é verdadeira. Os estudos com monitorização de 24 horas revelam que a pressão arterial pode se elevar sem que o paciente perceba. Aí é que reside o grande risco. Tratar uma pessoa sem sintomas é sempre muito difícil, pois ela tem dificuldade de perceber o benefício do tratamento.

A aferição da pressão arterial é outro fato que requer cuidado e que deve ser feito com técnica adequada. Os aparelhos têm de estar devidamente calibrados, o paciente deve estar sentado, calmo, com a bexiga vazia, em repouso de pelo menos dez minutos, não deve ter fumado nem ingerido álcool 30 minutos antes da medida. O braço deve estar apoiado e o manguito deve ser corretamente instalado no meio do braço, no mesmo nível do coração.

Os manguitos também devem ser os apropriados à circunferência do braço, principalmente nos obesos. O uso do manguito impróprio produz um falso valor elevado da pressão. Infelizmente, esses cuidados não são sempre tomados e os erros de medida e interpretação tornam-se freqüentes.

Os aparelhos usados para aferir a pressão arterial – esfigmomanômetros – podem ser de mercúrio, de mola (aneróides) e eletrônicos. Os aparelhos de mercúrio são os mais precisos e são de uso quase que exclusivo de médicos nos consultórios ou hospitais, pois não são fáceis de transportar. Os aneróides, cujo mostrador é semelhante a um relógio, e os eletrônicos são portáteis. Os aparelhos, não importando o tipo, devem ser calibrados periodicamente para evitar erro nas medidas. Os aparelhos eletrônicos são os mais práticos, pois aferem a pressão arterial e indicam o seu valor num visor, não necessitando o uso de estetoscópio. Consulte seu médico ou as sociedades médicas especializadas – Sociedade Brasileira de Hipertensão

(SBH), Sociedade Brasileira de Cardiologia (SBC) ou Sociedade Brasileira de Nefrologia (SBN) – antes de adquirir um aparelho, para se certificar se a marca é devidamente validada. Os aparelhos eletrônicos de pulso e digital (dedo) não são recomendados.

Existem aparelhos eletrônicos que conseguem armazenar várias aferições, podendo-se obter valores de pressão arterial em diversas situações como repouso, sono, durante o trabalho, no trânsito etc. É a monitorização ambulatorial de pressão arterial (Mapa).

Esses aparelhos são geralmente utilizados nas situações de hipertensão grave e resistente ao tratamento, na hipertensão de consultório (jaleco branco), nos casos de síncope, entre outras indicações. É um método simples e de grande valor para o médico na condução dos casos mais complicados.

Um método também de grande valor é a medida residencial da pressão arterial (MRPA), em que o paciente é treinado pelo médico, leva o aparelho para casa, geralmente eletrônico, e deve medir a pressão arterial durante uma semana, três vezes pela manhã e três vezes à tarde. O médico analisa os valores e obtém as médias diárias de todo o período, da manhã e da tarde.

É um método bastante útil para avaliar a eficácia do tratamento, diagnosticar hipertensão de consultório e aumentar a adesão ao tratamento. É bem-aceito pelo paciente, apesar de ter o inconveniente de não se poder obter valores de pressão arterial durante o sono.

Já foi dito anteriormente que sempre se deve obter dois valores, um de pressão máxima (sistólica) e outro de pressão mínima (diastólica). Um outro valor deve também ser considerado: a diferença entre PAS e PAD, chamada de pressão arterial de pulso (PAP).

$$PAP = PAS - PAD$$

Qual das pressões é a mais importante

Historicamente, os valores da PAD eram tidos como os mais importantes e os indivíduos portadores da PAS elevada não eram nem sequer incluídos nas análises científicas. Esse mito foi derrubado; hoje, sem qualquer dúvida, sabe-se que a PAS, mesmo isolada, representa risco e até mais importante que a PAD. A pressão de pulso ou diferencial também é significativa. Portanto, todas as pressões são importantes e os valores mais baixos toleráveis são os ideais.

Outro fato significativo é que a pressão arterial não é constante. Os valores variam e são influenciados por diversos fatores. A ansiedade, o *stress* emocional e a atividade física elevam a pressão arterial, ao passo que o repouso, principalmente o sono, diminui a pressão.

Pressão arterial elevada é risco, porém, de longo prazo e não pontual. Atitudes tomadas sem critério a respeito dos valores muito altos (os mais prevalentes) são quase sempre inócuas e até podem trazer malefícios à saúde.

Quais os benefícios da redução da pressão arterial

Já dissemos no início deste capítulo que a hipertensão arterial se associa a risco cardiovascular e que seu tratamento reduz significativamente o aparecimento de acidente vascular cerebral, insuficiência cardíaca, infarto do miocárdio e complicações renais e oculares. Esses benefícios, porém, não ocorrem a curto prazo. A pressão elevada deve ser diminuída lenta e gradualmente, para não interferir negativamente na perfusão dos órgãos e tecidos.

Uma conduta adotada deve ser analisada após duas ou três semanas, para se avaliar sua eficácia. Mudanças terapêuticas a curto prazo são desaconselhadas.

O critério e a decisão terapêuticos não devem ser feitos baseados exclusivamente nos números. Infelizmente, vêem-se, até em hospitais de renome, prescrições como "usar a medicação X se a pressão arterial se elevar acima de Y".

Se a pressão se elevar, é necessária uma avaliação cuidadosa:

1) Existe causa?
2) Há desconforto do paciente, dor, ansiedade?

3) Há outros sintomas?
4) Que tipo de paciente é este, jovem, adulto, idoso?
5) Tem comorbidade?
6) Qual o risco da pressão arterial elevada?

Sempre lembrar da definição: "Hipertensão arterial define-se como os níveis de pressão arterial elevados, acima dos quais o tratamento e a investigação são superiores aos malefícios causados por ela".

Deve-se lembrar também que a pressão arterial deve ser controlada sempre, que o tratamento é para toda a vida e os níveis que devem ser atingidos são os mais baixos tolerados pelo paciente. Ao médico cabe indagar se há fatores associados de risco cardiovascular, se há comorbidade e se os pacientes já tiveram complicações. AVC, IAM e ICC evidentemente são de maior risco. O problema é bem mais complexo que simplesmente o valor. Exige tempo, dedicação e competência. Os pacientes têm de fazer parte do processo, informando sintomas e efeitos colaterais da medicação, seguindo à risca as orientações passadas pelo médico.

Classificação da pressão arterial

A hipertensão arterial pode ser classificada de duas maneiras:

- quanto a sua origem, em primária ou secundária;
- quanto a sua gravidade, levando-se em consideração os valores de pressão e os fatores de risco (Tabelas III e IV).

Denomina-se hipertensão arterial primária a pressão elevada sem uma causa, ou seja, a hipertensão doença. Essa forma, antigamente, chamava-se hipertensão essencial, pois se supunha que a elevação da pressão seria necessária para a filtração renal. Hipertensão secundária é a elevação da pressão arterial decorrente de uma doença preexistente.

Tabela III. Classificação da pressão arterial (>18 anos) e recomendações para seguimento com prazos máximos, modificados de acordo com a condição clínica do paciente

Classificação	Sistólica	Diastólica	Seguimento
Ótima	< 120	< 80	Reavaliar em um ano
Normal	< 130	< 85	Reavaliar em um ano
Limítrofe	130-139	85-89	Reavaliar em seis meses *
Hipertensão			
Estágio 1 (leve)	140-159	90-99	Confirmar em dois meses *
Estágio 2 (moderada)	160-179	100-109	Confirmar em um mês *
Estágio 3 (grave)	> 180	> 110	Intervenção imediata ou reavaliar em uma semana
Sistólica isolada	> 140	< 90	

* Quando a sistólica e diastólica estão em categorias diferentes, classificar pela maior.
Considerar intervenção de acordo com fatores de risco maiores, comorbidades.

Tabela IV. Estratificação do risco individual do paciente hipertenso: risco cardiovascular adicional de acordo com os níveis da pressão arterial e a presença de fatores de risco, lesões de órgãos-alvo e doença cardiovascular

Fatores de risco	Pressão arterial (mmHg)				
	Normal	Limítrofe	Hipertensão estágio 1	Hipertensão estágio 2	Hipertensão estágio 3
Sem fator de risco	Sem risco adicional		Risco baixo	Risco médio	Risco alto
1 a 2 fatores de risco	Risco baixo	Risco baixo	Risco médio	Risco médio	Risco muito alto
3 ou mais fatores de risco ou lesão de órgãos-alvo ou diabetes	Risco médio	Risco alto	Risco alto	Risco alto	Risco muito alto
Doença cardiovascular	Risco alto	Risco muito alto	Risco muito alto	Risco muito alto	Risco muito alto

A hipertensão primária é a mais prevalente e a responsável por, aproximadamente, 90% dos casos. Os restantes 10% são conseqüência de uma lista muito grande de patologias, dentre as quais se destacam as doenças renais preexistentes, as doenças endócrinas e as alterações estruturais das artérias renais.

Em todos os casos de hipertensão, sejam eles primários ou secundários, o objetivo mais importante é reduzir as cifras de pressão arterial para evitar danos em órgãos-alvo como coração e cérebro e, mesmo na hipertensão secundária com doença renal preexistente, a redução da pressão arterial é o método mais eficaz para minimizar a progressão da doença renal.

Tratamento da pressão arterial

Todo paciente hipertenso deve ser tratado de maneira individualizada. Não existe uma regra única que se possa aplicar a todos os pacientes. Deve-se sempre levar em consideração aspectos pessoais como peso, idade, hereditariedade, comorbidades e os valores da pressão arterial. O médico indicará qual o melhor remédio para o caso naquele momento.

Existem, no entanto, conceitos básicos de mudança de estilo de vida que devem ser adotados em todos os casos.

Mudança do estilo de vida

1. *Atividade física* – Todo indivíduo deve realizar pelo menos 30 minutos de atividade física leve ou moderada, de forma contínua, na maioria dos dias da semana. Sete dias são melhores do que seis e um é melhor do que nada. A maioria dos adultos se adapta melhor à prática de exercícios de três a quatro vezes por semana. Existe evidência comprovada na literatura médica de que, em qualquer idade, o exercício traz prevenção de doença cardiovascular. Os indivíduos sedentários têm risco aproximadamente 30% maior que os ativos de desenvolver hipertensão. Devem-se também adotar outras mudanças no estilo de vida: utilizar escadas em vez de elevador, andar em vez de usar o carro; até uma atividade de lazer, como a dança, tem utilidade. Qualquer tipo de exercício é salutar, desde que feito de maneira

regular: caminhada, ciclismo, corrida, dança ou natação. Quanto a esta última, é importante lembrar que, para adotar a natação como exercício físico, é preciso ser um bom nadador. Aquele que se cansa para se manter à tona entra em fadiga antes do tempo necessário para obter os benefícios do exercício. Os exercícios aeróbicos são mais consistentes que os de resistência. A duração mínima do exercício deve ser de 30 minutos, porém, 60 minutos é melhor. Nos obesos, o exercício deve ter uma duração mínima de pelo menos 50 minutos.

Quanto à intensidade, ela é facilmente estabelecida, levando em consideração que o indivíduo não deve entrar em fadiga. Uma maneira fácil de aferir a fadiga é que o indivíduo deve ter condição de falar durante o exercício. A outra maneira mais técnica é que o exercício não deve induzir a uma aceleração cardíaca superior a 70% da freqüência cardíaca máxima, calculada pela fórmula 220 menos a idade. Portanto, para um indivíduo de 50 anos, teremos:

Freqüência cardíaca máxima 220 − 50 = 170

70% de 170 = 119 bpm

119 seria a freqüência cardíaca bem tolerada

---

2. *Redução do peso* − O excesso de peso pode ser responsável por 20% a 30% dos casos de hipertensão. O sobrepeso aparece em 75% dos homens e 60% das mulheres portadoras de hipertensão. O peso deve ser o mais próximo possível do ideal. O peso ideal é calculado pelo índice de massa corpórea (IMC), que é o peso dividido pelo quadrado da altura. O objetivo é ter IMC inferior a 25. Uma outra maneira é a medida da circunferência abdominal, que deve ser inferior a 102 cm no homem e a 88 cm na mulher.

Reduzir e manter o peso não é tarefa fácil, são necessárias disciplina e determinação. Não existe mágica nem dieta milagrosa, é necessário ingerir menos do que se consome, indefinidamente. Aqui, o exercício entra como fator facilitador da perda de peso. Isso não significa que teremos de nos privar do prazer das festas, dos jantares e das reuniões sociais, basta saber como se comportar nessas ocasiões. Os pequenos deslizes devem ser corrigidos. O compromisso com a balança deve ser constante, perder dois quilos é muito mais fácil que perder dez.

Existe uma relação direta entre aumento de peso e pressão arterial, e a perda de peso é a medida não-farmacológica mais efetiva para controle da pressão arterial.

3. *Redução do sal* – O saudável seria ingerir seis gramas de sal, especificado como cloreto de sódio, por dia, o que corresponderia a quatro colheres rasas de café. Porém, deve-se lembrar do sódio intrínseco aos alimentos e deve-se evitar ao máximo os produtos embutidos e industrializados, pois estes contêm uma grande quantidade de sal como conservante. Infelizmente, em nossa cultura, a ingestão de sal é bem superior a isso. Estima-se que, em média, os brasileiros que não abusam do sal ingiram de 10 a 12 gramas diários.

Outro fator importante é uma maior ingestão de potássio. O sódio eleva a pressão, ao passo que o potássio pode fazer com que haja uma diminuição da pressão arterial. O potássio pode ser encontrado nos vegetais e nas frutas.

Durante a evolução da nossa vida, houve uma inversão na quantidade de sódio e potássio que comemos. Hoje, ingerimos menos potássio e mais sódio e, talvez, essa seja uma das causas do aumento da incidência de hipertensão arterial. Atualmente, existem no mercado tipos de sal que contêm de 30% a 50% de cloreto de potássio adicionado ao cloreto de sódio, que podem ser úteis, desde que o paciente se adapte ao seu sabor.

4. *Redução do consumo de bebida alcoólica* – A relação entre pressão arterial e álcool depende da freqüência e da magnitude da ingestão. Para os consumidores de álcool, a ingestão de bebida alcoólica permitida é de 30 gramas de etanol por dia, que podem estar contidos em 600 ml de cerveja (com 5% de álcool), 250 ml de vinho (com 12% de álcool) ou, ainda, 60 ml de destilado, *whisky*, aguardente ou outras bebidas destiladas com concentrações entre 30% e 50% de etanol. Esse limite deve ser reduzido para homens de baixa estatura e para mulheres. Para elas, a ingestão de bebida alcoólica deverá corresponder a somente metade das doses propostas para os homens.

5. *Tabagismo* – A relação entre o fumo e a elevação da pressão arterial é temporária. Portanto, o malefício depende da quantidade de cigarros consumidos. Porém, como o tabagismo é um fator de risco importante de doença cardiovascular, a abolição do cigarro é uma atitude que deve ser tomada, não somente pelos hipertensos, mas pela população em geral. Deve-se levar em conta que, após a suspensão do tabagismo, existe uma tendência a ganho de peso e deve-se ficar atento a esse fato.

Até o tabagismo passivo, ou seja, aquele que ocorre em indivíduos que não fumam, mas estão constantemente em contato com fumantes, oferece maior risco de doença cardiovascular. As estimativas das propostas aqui mencionadas na redução da pressão arterial estão sintetizadas na Tabela V.

Tabela V. Modificação do estilo de vida

Modificação	Recomendação	Redução aproximada PAS
Redução do peso	IMC entre 18,5 e 24,9.	5-20 mmHg/10 kg
Dieta com redução do sal	Ingestão de sal entre 2 e 4 g/dia.	8-14 mmHg
Atividade física	Programa de atividade física por mais de 30 minutos na maioria dos dias da semana.	4-9 mmHg
Consumo moderado de álcool	Limitar o consumo a não mais que duas doses por dia de cerveja ou vinho, uma dose de bebida destilada para homens; para mulheres, reduzir o consumo pela metade.	2-4 mmHg

6. *Redução do* stress – O *stress* emocional, em sua fase inicial, é uma reação normal em todos os que visam preparar o organismo para a *reação de luta ou fuga*, muitas vezes necessária para preservar a própria vida. Essa reação gera adrenalina, produz uma maior constrição dos vasos sanguíneos, acarreta aumentos da resistência e da atividade cardíaca e, conseqüentemente, eleva temporariamente a pressão arterial. Esse aumento da pressão arterial é útil para possibilitar que o sistema circulatório envie uma quantidade maior de sangue para as partes do corpo que necessitam reagir diante de um estressor. Na maioria das vezes, uma vez resolvida a situação desafiadora, a pressão volta ao nível normal. Quando, no entanto,

o que nos está estressando não termina, quando outros desafios surgem concomitantemente ou na presença de estressores de grande importância pessoal, a fase de alerta continua ativa, a pessoa permanece de prontidão, como se estivesse sendo ameaçada. Se ela tem uma vida muito cheia de desafios, se entra e sai constantemente em alerta, suas artérias sofrem a ação excessiva do *stress*. Nesses casos, se já há a tendência genética para desenvolver hipertensão, o *stress* emocional passa a ser um fator de risco para o desenvolvimento ou agravamento da hipertensão. É por isso que seguidores da hipótese da reatividade enfatizam a necessidade de aprender estratégias de enfrentamento das tensões da vida que possam reduzir a reatividade cardiovascular em momentos de *stress* emocional. Se o hipertenso em potencial conseguir uma redução de sua reatividade cardíaca por meio de tratamentos não-farmacológicos, então, sua qualidade de vida poderá, sem a menor dúvida, ser consideravelmente melhor. Nossas pesquisas no Laboratório de Estudos Psicofisiológicos do Stress na PUC-Campinas, que contam com o financiamento do governo federal (CNPq), têm demonstrado que o tratamento intitulado *treino psicológico de controle do stress* é capaz de levar a pessoa a aprender como lidar com o *stress* emocional e produz uma redução da reatividade cardiovascular em pessoas hipertensas quando estas precisam lidar com situações socialmente estressantes. As V Diretrizes de Hipertensão Arterial enfatizam a necessidade de as pessoas hipertensas passarem por um treino de controle do *stress*. O item "O treino psicológico de controle do *stress* para hipertensos", no capítulo "A abordagem multiprofissional do tratamento da hipertensão", fornecerá as informações e técnicas que podem auxiliar nesse sentido.

7. *Outros fatores que afetam a pressão arterial* – Ansiedade, medo, dor e outros estados emocionais que acionam mecanismos de defesa instintiva do organismo podem causar aumentos pressóricos, ainda que temporários. Temos verificado que o simples fato de a pessoa ouvir a descrição de uma cena na qual terá de interagir com a pesquisadora já é suficiente para elevar a pressão de hipertensos. Isso ocorre tanto em situações em que a pessoa terá de defender um direito ofendido, como também quando terá de fazer um elogio ou agradecer um favor. A pura expectativa de uma interação interpessoal é capaz de gerar *stress* e elevar a pressão. Descobrimos também que, quando hipertensos passam por uma entrevista psicológica e são levados a responder a perguntas de cunho muito pessoal, sua pressão

também registra aumentos significativos, especialmente quando relatam casos de hipertensão e morte na família. Existe também registro de aumentos pressóricos grandes durante procedimentos odontológicos e cirúrgicos ou procedimentos dolorosos. Provavelmente, a ansiedade e o medo atuam nesses momentos, causando *stress* e aumentando a pressão.

As medidas aqui propostas de perda de peso, prática de exercícios físicos, diminuição do consumo de sal e aumento do consumo de potássio, com uma dieta rica em frutas e vegetais, e abolição do tabagismo não são recomendadas somente para os hipertensos, mas para todos os indivíduos. Porém, há necessidade de uma aceitação muito grande a esse respeito, pois se trata de medidas que deverão ser incorporadas como mudança no estilo de vida e deverão permanecer durante toda a vida e não somente durante um período. A adesão a essas mudanças não é muito grande, no entanto, todos devem estar conscientes de que elas são necessárias e devem ser colocadas em prática.

Tratamento medicamentoso

O tratamento farmacológico da hipertensão arterial é altamente efetivo e no mercado existem inúmeras drogas disponíveis para tal. De uma maneira simplista, pode-se dizer que são cinco as classes mais usadas: os diuréticos, os betabloqueadores, os bloqueadores dos canais de cálcio, os inibidores da enzima de conversão da angiotensina (ECA) e os bloqueadores dos receptores da angiotensina I (BRA).

Se a hipertensão é uma doença crônica que não tem cura, há necessidade de tomar o remédio pela vida toda, por via oral e administrado com o mínimo de doses possíveis, para facilitar o uso e também a adesão ao tratamento.

Os diuréticos são usados há muito tempo, aumentam a excreção de sódio pelos rins, minimizando seus efeitos nos indivíduos que não fazem uma dieta hipossódica adequada. Sua eficácia é altamente comprovada e não há necessidade de usar diuréticos potentes, que promovam grande diurese, como a furosemida e a bumetamida. Produtos que contenham hidroclorotiazida, clotarlidona ou indapamida são recomendados. As doses devem ser as menores possíveis, o suficiente para estabelecer um bom equilíbrio de sódio. Os diuréticos, como todas as outras drogas que serão citadas, têm os seus efeitos colaterais e devem ser usados com cautela nos indivíduos com ácido úrico elevado e gota, nos diabéticos e nos dislipidêmicos. Os diuréticos também são drogas que, quando usadas por muito tempo, fazem cair os níveis de potássio plasmático.

Os betabloqueadores são eficazes, principalmente nos hipertensos com débito cardíaco aumentado, que é o caso dos indivíduos jovens. Existem vários tipos no mercado, todos com nome terminado em *lol* (propranolol, atenolol, metoprolol). Não existem vantagens entre eles, todos são eficazes e, na maioria das vezes, são bem tolerados pelo organismo. Porém, como os diuréticos, podem trazer alguns efeitos colaterais como fraqueza, adinamia e também interferência no metabolismo dos açúcares e dos lípides, e não podem, em hipótese alguma, ser utilizados em asmáticos.

Os bloqueadores dos canais de cálcio são altamente eficazes e a classe mais usada é a dos deidropinidínicos, que em seu nome têm a terminação *pina* (anlodipina, nitrendipina, manidipina). Apresentam a vantagem de não interferir no metabolismo glicídico e lipídico. O efeito colateral mais importante é edema nos membros inferiores, também podendo ocorrer rubor facial. Esses sintomas geralmente dependem das doses utilizadas.

Os inibidores da enzima de conversão da angiotensina e os bloqueadores da angiotensina II têm ação bastante semelhante. O primeiro tem a terminação *pril* (captopril, enalopril, perindopril) e o segundo, a terminação *sartan* (losartan, valsartan, telmisartan). Estas últimas drogas são mais modernas, altamente eficazes e apresentam pouquíssimos efeitos colaterais. Não interferem no metabolismo de lípides e glícides. Os inibidores ECA têm como grande efeito colateral a tosse.

Outras drogas podem ser usadas, como inibidores adrenérgicos, dos quais alfametildopa e clonidina são os principais representantes, e vasodilatadores, como hidralazina ou minoxidil. Porém, essas drogas devem ser usadas somente em condições especiais, principalmente nos casos de hipertensão resistente, assunto que será abordado futuramente.

Qual das drogas usar – Competirá ao médico decidir, levando em conta alguns fatores pessoais como idade, raça e também algumas comorbidades ou lesões de órgãos-alvo. Obviamente, os efeitos colaterais têm muito a ver com a escolha da terapêutica. Nem sempre uma droga isoladamente é capaz de corrigir integralmente a hipertensão arterial, às vezes, existe a necessidade de associação de duas, três ou mais drogas para que se obtenha sucesso. O objetivo é sempre chegar à pressão mais baixa que o paciente possa tolerar, sem efeitos colaterais desagradáveis que interfiram na sua qualidade de vida.

É extremamente importante que o paciente tenha conhecimento desse fato, ingerindo o remédio regularmente nos horários e dosagens recomendados. Somente assim o médico será capaz de estabelecer o juízo perfeito do sucesso ou insucesso terapêutico. As medicações ingeridas inadequadamente nunca dão ao médico a certeza de falha terapêutica com aquele fármaco. Seguir a medicação corretamente, mesmo sem sucesso, já é um ganho, pois o médico poderá deduzir com segurança que aquele não é o melhor caminho a seguir e escolherá um outro medicamento com outro mecanismo de ação. Esse é o papel fundamental que o paciente deve assumir no tratamento da hipertensão arterial.

Afirmamos novamente que a falta de sintomas é o que leva o doente a não seguir corretamente o tratamento. Também a má informação sobre os efeitos colaterais faz com que ele mude o esquema posológico, que, na grande maioria das vezes, é a causa do insucesso.

Hipertensão em condições especiais

Idosos

Os idosos (indivíduos com mais de 65 anos) são a população que vem crescendo substancialmente no mundo todo, principalmente nos países desenvolvidos. A idade média vem aumentando e a prevalência de hipertensão arterial no idoso é muito grande, principalmente da pressão arterial sistólica. Se só a idade já representa um fator de risco, o idoso tem particularidades próprias, geralmente, comorbidades associadas, que devem ser levadas em consideração na escolha da droga anti-hipertensiva a ser utilizada. A hipertensão no idoso deve ser sempre tratada, e os benefícios do tratamento são até mais evidentes que na população mais jovem. Como o metabolismo do idoso está em declínio, deve-se começar o tratamento com dosagens baixas e as adequações terapêuticas devem ser bastante cautelosas. Falta de cautela ou medicações tomadas não apropriadamente podem produzir quedas abruptas da pressão arterial, principalmente quando se muda de posição de deitado para sentado (hipotensão postural), e os doentes podem cair e sofrer fraturas nessas situações.

O grande mito em relação ao idoso é que a pressão arterial se eleva com a idade e que este fato é fisiológico e normal, o que não é verdade. Os valores da pressão arterial normal nos idosos são os mesmos da população no geral, os riscos da pressão arterial elevada são até piores e os benefícios do tratamento são, como já dissemos, mais evidentes. Portanto, tratar a hipertensão arterial do idoso, principalmente a sistólica, é fundamental. A mudança do estilo de vida, a correção dos fatores de risco, os cuidados com as comorbidades e a atenção às medicações tomadas são processos que ajudam no sucesso terapêutico.

Diabetes

A prevalência de hipertensão entre os diabéticos é maior, como também é maior a prevalência de diabetes entre os hipertensos. Portanto, existe uma associação muito grande entre essas duas patologias, e o aumento da resistência à insulina pode ser o elo entre elas. O diabetes aumenta a morbidade cardiovascular, e os valores da pressão a serem atingidos para o diabético devem ser inferiores aos da população sem fator de risco.

O *Hypertension Optimal Treatment* (HOT), um grande estudo multinacional, mostrou que existe uma diferença significativa de morbidade quando se abaixa a pressão diastólica de 85 mmHg para 80 mmHg nos indivíduos diabéticos, ao passo que a população não diabética não obtém benefícios com variações nos mesmos níveis. O ideal para o tratamento do diabético são medicamentos que previnam complicações renais, como as drogas que bloqueiam o sistema renina angiotensina (hormônios produzidos nos rins e adrenais) como as BRA e Ieca. Os diuréticos e os betabloqueadores interferem no metabolismo glicídico e lipídico e devem ser usados com cautela. Entretanto, não existe uma contra-indicação formal para esses medicamentos e o objetivo principal nos diabéticos é controlar adequadamente a pressão arterial. Esse controle adequado previne mais complicações do que o controle do próprio diabetes em si. O objetivo é ter cifras de pressão arterial inferiores a 135/80 mmHg.

Os obesos são mais propensos a desenvolver diabetes, hipertensão arterial e lípides elevados. A associação desses fatores leva ao diagnóstico de uma entidade denominada de síndrome metabólica de altíssimo risco cardiovascular. Portanto, voltamos a enfatizar que não basta reduzir a pressão arterial, é necessário cuidar em conjunto dos outros fatores de risco, mesmo porque eles estão intimamente relacionados.

Insuficiência renal e insuficiência cardíaca

A insuficiência renal é inicialmente assintomática. A hipertensão é a segunda causa, após o diabetes, que leva pacientes ao transplante renal ou a programas de diálise crônica. A perda de albumina na urina (albuminúria), e mesmo da microalbumina, é o marcador mais precoce da perda de função renal. Diminuir a perda de albumina na urina significa salvar o rim ou postergar a diálise ou o transplante renal. O tratamento da hipertensão nessa situação é mais complexo, pois envolve a necessidade de um bom funcionamento renal e os níveis de uréia, creatinina e potássio têm de ser monitorados com freqüência. Reduzir a pressão arterial para proteção renal é fundamental e os níveis devem ser inferiores a 120/80 mmHg.

No caso da insuficiência cardíaca, a hipertensão arterial é sua principal causa. Essa também é uma das comorbidades que mais se beneficiam do controle adequado da pressão. Embora essa patologia seja muito grave e a principal causa de internação hospitalar nos portadores de doença cardiovascular, o controle da pressão arterial é extremamente necessário e o alvo é obter os valores mais baixos toleráveis pelo paciente.

Acidente vascular cerebral

Os acidentes vasculares cerebrais (AVCs), popularmente chamados de "derrames cerebrais", são, juntamente com o infarto do miocárdio, as complicações mais temidas pelos pacientes hipertensos. Os prontos-socorros atendem diariamente um grande número de pacientes que, ao aferirem a pressão arterial e verificá-la elevada, buscam atendimento de urgência, pois acreditam que, uma vez baixando a pressão, estarão protegidos do "derrame". Isso é um grande engano, pois a maioria dos derrames cerebrais é de causa isquêmica e não ocorre porque a pressão arterial se elevou abruptamente. A hemorragia cerebral, que é menos freqüente, pode ter alguma relação com a pressão elevada, mas ocorre quase sempre em razão de uma anomalia cerebral (aneurisma). As artérias cerebrais íntegras raramente se rompem, mesmo com níveis de pressão muito elevados. As elevações de pressão que ocorrem na vigência da hemorragia cerebral são, na grande maioria, decorrentes de agitação ou por disfunção dos centros reguladores de pressão em virtude de hemorragia cerebral. Portanto, reduzir a pressão abruptamente na tentativa de evitar "derrame" é muito mais mito que verdade.

Mesmo o médico, no caso do AVC instalado, deve estar atento a esse fato, é preciso ser competente, saber lidar muito bem com o problema. É preciso lembrar que a pressão arterial é necessária para a nutrição das células e, uma vez instalado o AVC, pode haver aumento da pressão intracraniana, e a pressão arterial elevada naquele instante é reflexo necessário para não agravar ainda mais a doença. Controlar a pressão é sempre indispensável, porém, níveis baixos não devem nunca prejudicar a nutrição dos neurônios.

Disfunção erétil

A disfunção erétil é bastante comum nos homens acima de 50 anos de idade e, mais comum ainda, se ele for hipertenso. Muito se tem dito sobre as drogas anti-hipertensivas serem causadoras da disfunção erétil, o que não deixa de ser verdade. No entanto, culpar sempre o remédio por esse problema pode ser um grande erro, pois muitas vezes a disfunção erétil precede o uso das drogas. Abandonar o tratamento por essa complicação sem uma análise mais rigorosa é um grande engano.

Um diálogo franco, aberto e sem restrições entre o médico e o paciente é o primeiro passo para a resolução do problema. O objetivo para o hipertenso com mais de 50 anos e com disfunção erétil é controlar a hipertensão arterial com a droga que seja mais aceita e que produza menos efeitos indesejáveis. As drogas usadas para o tratamento da disfunção erétil, na sua quase totalidade, não interferem no tratamento da hipertensão arterial e seu uso não é contra-indicado em nenhuma das classes de drogas usadas no tratamento da hipertensão citadas até o momento. O grande cuidado a ser tomado é que essas drogas não podem ser usadas com os nitratos utilizados para o tratamento de angina ou infarto do miocárdio. É perfeitamente possível compatibilizar os dois tratamentos, e não se pode negligenciar o tratamento da hipertensão arterial em razão da disfunção erétil.

Perda da função cognitiva

A perda da função cognitiva e a demência também estão intimamente ligadas à hipertensão arterial. Alterações estruturais do cérebro diagnosticadas pela tomografia computadorizada ou ressonância nuclear magnética são mais prevalentes nos hipertensos que em indivíduos normotensos. Até o momento, não se tem nenhuma evidência científica de que, uma vez estabelecida a alteração cerebral, o tratamento da hipertensão possa reverter essa situação. O que se sabe é que o controle adequado da pressão arterial pode prevenir o aparecimento ou o declínio da função cognitiva.

Hipertensão resistente

Denomina-se hipertensão resistente a hipertensão tratada adequadamente com três drogas, uma delas obrigatoriamente um diurético, quando os valores da pressão arterial se mantiverem acima de 140/90 mmHg. Toda vez que isso ocorre, deve-se procurar otimizar o tratamento, principalmente buscando a causa da resistência. As principais causas da hipertensão resistente são a falta de adesão ao tratamento, o excesso de consumo de sal, a obesidade, o excesso de consumo de álcool, a medicação tomada de maneira inadequada e o uso de combinação não-apropriada. Entre essas causas, a falta de adesão dos pacientes ao tratamento e as drogas usadas em associações não-apropriadas são as mais importantes na hipertensão resistente.

Há que se levar em consideração também outros fatores. Drogas que podem causar o aumento da pressão arterial podem ser a causa do não-controle da pressão. Entre elas, citamos os antiinflamatórios hormonais e não-hormonais, os remédios anoréticos usados para perda de apetite, o uso abusivo de descongestionantes nasais e contraceptivos orais. Por isso, o indivíduo nunca deve se automedicar e o hipertenso muito menos. Deve-se sempre conversar com o médico para ter absoluta certeza de que aquela atitude não irá interferir no controle da pressão arterial.

O relacionamento entre médico e paciente deve ser o mais íntimo e franco possível e as drogas devem ser escolhidas levando-se em consideração o seu mecanismo de ação, o perfil do paciente e a tolerabilidade do medicamento. Não existe nenhuma grande vantagem de uma droga sobre a outra. A droga efetiva é aquela que é bem tolerada e que controla a pressão arterial.

O doente tem de ter em mente que o tratamento da hipertensão arterial é para a vida inteira e os pequenos deslizes ou variações da pressão têm de ser corrigidos, nunca de maneira pontual e sempre pensando a longo prazo. A hipertensão arterial faz mal, mas não é a elevação casual da pressão a mais importante.

Outro fato importante a esclarecer é que, se houver a necessidade de usar três ou mais drogas, isso não deve ser um fator desanimador, pois o objetivo é sempre o controle da pressão arterial.

Urgência hipertensiva

Os níveis muito elevados da pressão arterial, acima de 180 ou 200 mmHg, geralmente causam pânico nos pacientes, em seus familiares e lotam os serviços de pronto atendimento, na busca de uma redução rápida desses valores, com a intenção de evitar complicações cardiovasculares.

A redução rápida da pressão arterial, sem uma avaliação criteriosa, pode ser mais maléfica que benéfica. Primordialmente, deve-se avaliar se há qualquer comorbidade associada; tensão, pânico e dor podem ser fatores desencadeadores que, uma vez resolvidos, trazem os valores da pressão arterial aos seus níveis habituais. Muitas vezes, aqueles valores elevados são comuns no paciente e não configuram urgência. Devem ser tratados, sim, mas com cautela.

O paciente hipertenso deve ter conhecimento desse fato e nunca usar nem permitir que usem nele qualquer medicação que intempestivamente reduza a pressão. Os remédios sublinguais são contra-indicados. As quedas bruscas da pressão podem levar à isquemia e ao infarto do miocárdio ou ao acidente vascular cerebral (derrame).

A emergência em hipertensão só existe quando a elevação da pressão ocorre junto com uma situação grave como infarto do miocárdio, edema agudo do pulmão etc. Ela deve ser tratada por médico experiente e sempre em unidade de terapia intensiva.

2
O *STRESS* EMOCIONAL

Pesquisas atuais mostram que, de um modo geral, a pressão arterial de todas as pessoas sofre algum acréscimo em situação de *stress* emocional. Essa é uma reação normal do organismo e pode ser necessária, uma vez que é justamente com o aumento da pressão que o sistema circulatório desempenha a importante função de, quando for subitamente necessário reagir, enviar uma maior quantidade de sangue para o cérebro e os músculos. Em momentos de *stress*, o corpo prepara-se para lutar ou para fugir da situação com uma série de mudanças, tais como aumento da produção de adrenalina e maior constrição dos vasos sanguíneos. Essas mudanças fazem o coração bater mais rápido, ao mesmo tempo em que a resistência é aumentada nos vasos sanguíneos periféricos. Com o aumento da resistência e da atividade cardíaca, a pressão arterial tende naturalmente a subir, o que não necessariamente acarreta problemas, pois o corpo está preparado para, por períodos curtos, lidar com as situações de *stress* que ocorrem na vida diária e que exigem mais ação.

Quando se enfrenta um estressor, isto é, um evento ou situação que exige ação imediata, o corpo e a mente se preparam para ela. Isso em geral não acarreta dano para o organismo, se o que estiver acontecendo for de duração curta e se tivermos, logo a seguir, a oportunidade de relaxar e voltar ao equilíbrio orgânico. O problema ocorre quando o estressor tem longa duração, é de grande intensidade ou se outros estressores acontecem ao mesmo tempo. Nesse caso, a pessoa permanece no que chamamos de estado de *alerta*.

Você já deve ter percebido que, em momentos difíceis, todo o seu organismo fica tensionado, como se estivesse em vigília, esperando o sinal para se defender, lutar ou fugir de alguma ameaça. Os músculos ficam tensos, o estômago digere mal a comida, os ombros ficam levantados, a pessoa não consegue dormir direito, fica irritada e reage exageradamente a qualquer provocação. Se o estado de alerta for temporário, depois que ele passar, o corpo voltará ao normal e nenhuma conseqüência negativa ocorrerá. Porém, quando o que está estressando a pessoa se prolonga por muito tempo, o sistema circulatório é obrigado a trabalhar em excesso. É como se a pessoa estivesse em alerta permanentemente, o que representa uma carga constante. Alguns pesquisadores postulam que, nesses casos, a situação de alerta mantida por períodos muito longos pode levar ao desenvolvimento de hipertensão crônica em pessoas geneticamente propensas.

A ativação do sistema nervoso simpático promove um aumento da espessura das artérias e uma redução de sua elasticidade. Além disso, há um aumento da produção da renina, que contribui para elevar e manter elevada a pressão arterial. Uma outra maneira de o *stress* contribuir para que a pressão se torne cronicamente alta é pela ação que exerce em células especiais, cuja função é auxiliar na regulagem da pressão arterial. Em geral, essas células barorreceptoras detectam qualquer mudança na pressão arterial e enviam uma mensagem de alerta para o sistema nervoso autônomo. O objetivo é manter a pressão dentro de certos limites. Quando o sistema nervoso autônomo recebe o alerta de que a pressão subiu muito, ele imediatamente dilata os vasos sanguíneos e reduz a freqüência das batidas cardíacas. Esse controle funciona tanto quando há um aumento como um decréscimo rápido, assim, se a pressão cai subitamente, uma mensagem é mandada para o sistema nervoso, que imediatamente acelera o pulso e contrai os vasos sanguíneos, fazendo com que a pressão se normalize. Os especialistas que defendem a hipótese da reatividade na gênese da hipertensão professam que esse estado de alerta constante pode levar ao desenvolvimento da hipertensão arterial em pessoas ou animais que já tenham propensão genética a serem hipertensos. Portanto, é importante entender o que é o *stress* e aprender a administrar sua intensidade.

O que é, de fato, o stress*?*

Antes de lhe oferecer qualquer informação científica sobre o assunto, é interessante que você verifique seu nível de conhecimento sobre o *stress*, respondendo ao pequeno teste a seguir.

Teste seu conhecimento sobre *stress*

Assinale a resposta que achar correta.

1. Pesquisas indicam que, nos últimos dez anos, o índice de pessoas com *stress* na cidade de São Paulo:
   a) Aumentou em aproximadamente 5%
   b) Diminuiu em aproximadamente 10%
   c) Diminuiu em aproximadamente 15%
   d) Aumentou em aproximadamente 20%

2. O que pode causar *stress* em uma pessoa adulta?
   a) Pensar de modo negativo
   b) Ganhar na loteria
   c) Ter dificuldades com o chefe
   d) Todas acima

3. O *stress* pode ser positivo e ajudar a pessoa a ter motivação?
   a) Verdadeiro
   b) Falso

4. Quais das medidas abaixo ajudam a reduzir o *stress*?
   a) Caminhar
   b) Relaxar

c) Pensar que tudo vai dar certo ☐
   d) Todas acima ☐

5. As pesquisas já confirmaram que o *stress*, não tratado, pode:
   a) Causar hipertensão ☐
   b) Causar aumentos súbitos de pressão ☐
   c) Causar derrame ☐
   d) Não *causar* os problemas acima, ☐
   mas *desencadeá-los*

6. Crianças e adolescentes podem ter *stress*?
   a) Verdadeiro ☐
   b) Falso ☐

7. Para lidar com o *stress* de modo duradouro, é preciso:
   a) Freqüentar uma academia de ginástica ☐
   b) Fazer ioga ☐
   c) Lidar com a causa ☐
   d) Tomar vinho ☐

8. O *stress* se desenvolve de acordo com fases que indicam o seu agravamento.
   a) Verdadeiro ☐
   b) Falso ☐

9. Quem é mais sujeito a ter *stress*?
   a) Homens ☐
   b) Mulheres ☐
   c) Crianças ☐
   d) Não há diferença ☐

10. O *stress* não causa doenças, mas enfraquece o organismo, possibilitando o surgimento de doenças.
    a) Verdadeiro ☐
    b) Falso ☐

Respostas

- *Questão 1* – A correta é a letra a. Em 1996, o índice de *stress* em São Paulo era de 32%; em 2005, as pesquisas indicaram que esse índice havia subido para 37%. Nos últimos dez anos, foi registrado um aumento de pessoas com *stress*. Assaltos, seqüestros, demissões e a necessidade de lidar com muitas mudanças muito rapidamente levam o ser humano a ter mais *stress*.

- *Questão 2* – A correta é a letra d. Situações positivas, como por exemplo ganhar na loteria, e situações negativas, como lidar com um chefe temperamental, podem igualmente criar *stress*, pois os dois tipos de situação obrigam a pessoa a usar muita energia para lidar com o que está ocorrendo. Sempre que o ser humano precisa fazer uma adaptação, o *stress* surge.

- *Questão 3* – A correta é a letra a. Quando temos de enfrentar um desafio, não importa a sua natureza, de início, temos muita energia e vigor, porque o corpo produz adrenalina e nos dá a sensação de força. Com o passar do tempo, se o desafio não acaba ou se outros surgem ao mesmo tempo, aí, sim, o *stress* pode passar a ser negativo. Na fase inicial do *stress*, ele pode ser muito positivo, pois dá motivação e entusiasmo.

- *Questão 4* – A correta é a letra d. Para controlar o *stress*, devemos usar medidas de redução dos sintomas (como caminhar e relaxar) e também manter uma postura positiva diante da vida, o que afeta diretamente o modo como interpretamos os desafios e, portanto, tem o poder de atacar ou reduzir as causas do *stress*.

- *Questão 5* – A correta é a letra d. Na realidade, não se pode dizer que o *stress* cause as doenças, mas, sim, que, em virtude do enfraquecimento do sistema orgânico criado pelo *stress*, ele precipita o aparecimento de muitas doenças.

- *Questão 6* – A correta é a letra a. O *stress* infantil é uma realidade, e tem aumentado ultimamente. O controle do *stress* é importante nessa faixa etária para ajudar a prevenir o *stress* do adulto e para garantir uma infância mais feliz.

- *Questão 7* – A correta é a letra c. Fazer ginástica, tomar uma taça de vinho, fazer ioga podem ajudar muito na redução da tensão mental e física gerada pelo *stress*, porém, a única maneira de acabar com o *stress* é lidando com a sua causa.

- *Questão 8* – A correta é a letra a. De fato, o *stress* se desenvolve em quatro fases, conforme o quadro se agrava.

- *Questão 9* – A correta é a letra b. Pesquisas recentes indicam que a prevalência de *stress* em mulheres é maior do que em homens, em todas as faixas etárias e profissões.

- *Questão 10* – A correta é a letra a. O *stress* não é um vírus ou bactéria e, por isso, não causa doenças; no entanto, ele enfraquece o organismo e doenças oportunistas ou hereditárias podem surgir.

Resultado: quanto mais respostas você acertou, melhor está o seu conhecimento sobre *stress*. Este livro ajuda a entender o que é o *stress* e seu efeito na pressão arterial.

O stress

Stress é um estado de desequilíbrio no funcionamento do corpo humano, gerado por situações desafiadoras, que levam o organismo a utilizar seus recursos pessoais de enfrentamento do problema. Essencialmente, é desencadeado pela necessidade de lidar com algo que obrigue a pessoa a se adaptar a uma situação que tem de ser enfrentada. Quando os recursos emocionais ou físicos, no momento, são insuficientes para enfrentar o que está ocorrendo, o organismo pode ser afetado em sua plenitude, com conseqüências graves para a saúde física e/ou mental. Em outras palavras, o *stress* é uma reação que temos quando somos obrigados a enfrentar algo que nos confunda, ameace, amedronte ou simplesmente desafie. Essa reação é mista, gerando sintomas tanto na mente como no corpo. Em geral, conseguimos lidar com os desafios do dia-a-dia sem grandes dificuldades, porém, às vezes, o que temos de enfrentar é grande demais, como uma onda do mar, que vem, bate firme e nos derruba. Mesmo as pessoas mais fortes podem sofrer um impacto assim. A dificuldade de enfrentamento pode se dar em razão da vulnerabilidade pessoal, da ausência de estratégia de enfrentamento ou, ainda, da gravidade ou intensidade do estressor.

A reação de *stress* é um processo complexo, já geneticamente programado no ser humano desde o nascimento, a fim de ajudá-lo a preservar sua vida. Foi o *stress*, por meio da adrenalina que produz, que capacitou o homem a permanecer vivo e se adaptar às mudanças pelas quais tem passado. É o *stress* que permite a luta contra os estressores de cada época.

O *stress* sempre existiu, porém, atualmente, parece estar se tornando mais freqüente. Em doses moderadas, a adrenalina produzida aumenta a motivação, fornece energia, vigor e pode resultar em alta produtividade. Em doses excessivas, tem a capacidade de destruir e desequilibrar, afetando a saúde e o bem-estar. Além da saúde, existe evidência de que a qualidade de vida e a sensação de bem-estar e de plenitude também podem ser afetadas pelo *stress* excessivo. O ser humano estressado mostra irritação, impaciência, dificuldade de se concentrar e de pensar de modo racional e lógico. Irritado, sem paciência e sem concentração, ele não se relaciona bem com as outras pessoas, fica mais agressivo e menos interessado em assuntos que não o afetam diretamente. Em condições emocionais tão precárias, sua qualidade de vida deixa de atingir o nível ideal. Os efeitos do *stress* podem, na verdade, ser de vários tipos, como descritos a seguir.

Implicações do *stress* excessivo

Quando o *stress* é prolongado, pode afetar o sistema imunológico, reduzindo a resistência da pessoa e tornando-a vulnerável ao desenvolvimento de infecções e doenças contagiosas. Ao mesmo tempo, porque o organismo está enfraquecido, doenças latentes podem ser desencadeadas: úlceras, hipertensão arterial, diabetes, problemas dermatológicos, alergias, impotência sexual e obesidade.

Além das conseqüências físicas, existem efeitos psicológicos a serem considerados. O ser humano cronicamente estressado apresenta cansaço mental, dificuldade de concentração, perda de memória imediata, apatia e indiferença emocional. Sua produtividade sofre quedas e a criatividade fica prejudicada. Dúvidas sobre si mesmo começam a surgir, em razão da percepção do desempenho insatisfatório. Crises de ansiedade e humor depressivo se seguem. A libido fica reduzida e os problemas de ordem física se fazem presentes. Nessas condições, a qualidade de vida sofre um dano bastante pronunciado e o ser humano se questiona se algum dia será feliz novamente.

Além das doenças físicas e psicológicas, existe um outro efeito do *stress*, igualmente preocupante, que é seu impacto no âmbito social. Uma sociedade saudável e desenvolvida requer a somatória das habilidades dos seus cidadãos. Se o *stress* está muito alto no país, ou na comunidade, os adultos podem se tornar frágeis, sem resistência aos embates e dificuldades da vida. A pessoa estressada lida mal com as mudanças, porque sua habilidade de adaptação está envolvida inteiramente no combate ao *stress*. Em um país em desenvolvimento como o nosso, onde as mudanças ocorrem em todas as áreas com uma rapidez surpreendente, aqueles que estiverem incapacitados para lidar com mudanças, certamente, não poderão dar sua contribuição para o sucesso do país e o bem-estar da população. Adultos resistentes, capazes de pronta adaptação, que possam pensar de modo lógico e não estressante nos momentos mais difíceis de modificações sociais, econômicas, éticas, políticas e filosóficas são de importância fundamental na sociedade.

Pelas suas implicações sociais, a importância que o combate ao *stress* assume é imensa em campanhas educativas e preventivas nacionais. Reconhecendo essa relevância foi que a Câmara Municipal de Campinas, pela Lei n. 12.369, publicada no Diário Oficial em 23 de setembro de 2005, instituiu o dia 23 de setembro como o Dia Municipal do Combate ao *Stress*. A cidade de São Paulo também instituiu o dia 23 de setembro como o Dia Municipal do Combate ao *Stress*, pela Lei n. 14.158, de 12 de maio de 2006. Estão em andamento projetos que pretendem instituir o Dia Estadual e o Dia Nacional de Combate ao *Stress* no Brasil.

Verifica-se, assim, que as conseqüências do *stress* crônico podem ser sociais, afetivas, físicas e psicológicas. Há, ainda, outra área na qual o *stress* pode interferir e causar grandes prejuízos, que é a da qualidade de vida e do bem-estar do ser humano. O ser humano feliz produz no trabalho, é mais criativo, mais dinâmico, mais amoroso e tem mais disponibilidade afetiva para se envolver em ações comunitárias. A pessoa infeliz, por outro lado, centrada em si mesma e em seus problemas, atravessa a vida sem necessariamente experimentar sua beleza e seu significado. Temos plena convicção de que o *stress* excessivo ou crônico prejudica a felicidade. Em inúmeras pesquisas que avaliam qualidade de vida e *stress*, percebe-se sua influência negativa no bem-estar em quatro áreas distintas: a da saúde, a afetiva, a profissional e a social.

Sintetizando, podemos afirmar que o *stress* emocional, quando presente em níveis que ultrapassem a habilidade de enfrentamento da pessoa, pode gerar conseqüências muito negativas para a saúde física e mental, para a produtividade, para os relacionamentos, para a qualidade de vida e para a felicidade da pessoa. Por todas essas razões, torna-se absolutamente essencial que aprendamos a reconhecer e controlar o *stress* em nossas vidas.

3
CAUSAS DO *STRESS*

Qualquer situação, fato ou evento que exija uma adaptação é chamado de estressor, porque desestabiliza o funcionamento do organismo. Quanto maior a adaptação que a pessoa precisa fazer, maior será o seu nível de *stress*. Um modo de entender o *stress* é verificar a natureza da situação que lhe deu origem, por isso, os estressores podem ser classificados como externos ou internos.

Estressores externos

São representados pelas condições externas que afetam o organismo. Independem, muitas vezes, das características ou do comportamento da pessoa. Podem ocorrer, por exemplo, em virtude de: mudanças de chefia, transformações políticas no país, acidentes ou qualquer coisa que ocorra fora do corpo e da mente da pessoa. Podem também se tratar de algo bom, estimulante, de um desafio que exija da pessoa uma adaptação maior. Um exemplo de evento positivo capaz de gerar *stress* é o nascimento de um filho. Embora o casal possa estar esperando ansiosamente pelo nascimento e muito feliz com a nova adição na família, mudanças ocorrerão e muita adaptação será necessária para que se abra espaço para o bebê. Houve mudança, pode haver *stress*.

Uma outra fonte externa de *stress*, muito poderosa, e que parece se associar freqüentemente com as doenças cardiovasculares, são as condições sociais e psicológicas do trabalho que se exerce. O *stress* ocupacional, gerado principalmente por demandas psicológicas excessivas, isto é, falta de autonomia, assédio moral, sobrecarga (em quantidade ou em grau de responsabilidade) e sofrimento, junta-se às tensões das demandas familiares e sociais para criar um quadro grave de *stress*. Nessa situação, a pressão arterial pode se elevar.

Alguns autores, como os doutores Holmes e Rahe,[1] dois pesquisadores americanos que já realizaram muitos trabalhos na área do *stress* emocional, acreditam que, cada vez que fazemos um esforço para nos acostumarmos a algo, utilizamos um pouco de energia adaptativa. Se o evento é de grande magnitude, utilizaremos mais energia. Se tivermos, dentro de nós, a quantidade de energia necessária para lidar com o evento, o processo de *stress* termina, sem dano para o organismo. Quando, no entanto, em um período de 12 meses, em virtude de grandes ou muitos estressores, gastamos mais energia adaptativa do que temos disponível, a exaustão se manifesta. Nesses casos, o sistema imunológico fica prejudicado e doenças psicofisiológicas podem surgir. Para entender melhor, imagine um reservatório cheio de energia. Cada vez que acontece algo que exige adaptação, é como se uma torneira se abrisse e uma quantidade de energia saísse do reservatório. Se essa energia não for reposta, certamente, o reservatório se esvaziará.

Esses dois pesquisadores citados, Holmes e Rahe, elaboraram uma escala conhecida como "Escala de Reajustamento Social", traduzida a seguir, que permite avaliar a probabilidade de ocorrência de doenças em virtude da quantidade de energia adaptativa usada durante o ano anterior para lidar com eventos importantes.

Avalie no Quadro 6 como está o seu nível de *stress* resultante de causas externas, ou seja, de mudanças que ocorreram em sua vida, e verifique

---

1. HOLMES, T.H. e RAHE, H. (1967). "The social readjustment rating scale". *Journal of Psychosomatic Research*, n. 2, vol. 11, pp. 213-218.

a probabilidade de desencadeamento de doenças. Lembre-se de que as pessoas diferem na sua sensibilidade e nas estratégias de enfrentamento que usam para lidar com os eventos, portanto, a probabilidade de ocorrência de doenças nunca será de 100%. Haverá sempre a possibilidade de se lidar com os estressores da vida de modo mais tranqüilo e é justamente por isso que se recomenda que todos aprendam estratégias de enfrentamento.

Quadro 6. Fontes externas de *stress*

Assinale o que ocorreu em sua vida nos últimos 12 meses:	
1. Morte do cônjuge	(100)
2. Divórcio	(73)
3. Separação do casal	(65)
4. Prisão	(63)
5. Morte de alguém da família	(63)
6. Acidente ou doenças	(53)
7. Casamento próprio	(50)
8. Perda do emprego	(47)
9. Reconciliação com o cônjuge	(45)
10. Aposentadoria	(45)
11. Doença de alguém da família	(43)
12. Gravidez	(40)
13. Dificuldades sexuais	(39)
14. Nascimento de uma criança na família	(39)
15. Mudança no trabalho (ex.: você despediu alguém, expandiu seu negócio)	(39)
16. Mudança na sua condição financeira	(38)
17. Morte de amigo íntimo	(37)
18. Mudança na linha de trabalho	(36)
19. Mudança na freqüência de brigas com o cônjuge	(35)
20. Compra de casa de valor alto	(31)
21. Término de pagamento de empréstimo	(30)

22.	Mudança de responsabilidades no trabalho	(29)
23.	Saída de filho(a) de casa	(29)
24.	Dificuldade com a polícia	(29)
25.	Reconhecimento de feito profissional de realce	(28)
26.	Cônjuge começou a trabalhar ou parou de trabalhar	(26)
27.	Começo ou abandono dos estudos	(26)
28.	Acréscimo ou diminuição de pessoas morando em casa	(25)
29.	Mudança de hábitos pessoais (ex.: parar de fumar)	(24)
30.	Dificuldades com o chefe	(23)
31.	Mudança no horário de trabalho	(20)
32.	Mudança de residência	(20)
33.	Mudança de escola	(20)
34.	Mudança de atividades recreativas	(19)
35.	Mudança de atividade religiosa	(19)
36.	Mudança de atividade social	(18)
37.	Compra a crédito de valor médio	(17)
38.	Mudança nos hábitos de dormir	(16)
39.	Mudança na freqüência de reuniões familiares	(13)
40.	Mudança de hábitos de alimentação	(15)
41.	Férias que envolveram viagem	(13)
42.	Natal comemorado com muitas pessoas	(12)
43.	Recebimento de multas ao cometer pequenas infrações	(11)

Uma soma de pontos de mais de 300 indica que a pessoa nos últimos 12 meses precisou investir uma quantidade excessiva de energia adaptativa e que, portanto, existe uma chance de 79% de uma doença surgir em breve.

Uma soma entre 151 e 299 pontos é considerada moderada (51%). Abaixo de 151 pontos, a soma indica que a possibilidade de ficar doente devido ao *stress* oriundo de fontes externas é pequena.

Estressores internos

O *stress* pode ocorrer diante de estressores inerentemente negativos, como no caso de dor, fome, frio ou calor excessivo, ou em razão da interpretação que se dá ao que ocorre na vida. Desse modo, o mesmo evento pode criar ou não *stress* em pessoas diferentes, dependendo da interpretação que cada uma lhe dá. O modo de perceber o mundo ao nosso redor influencia muito na maneira como nos sentimos. Se a pessoa pensa de modo positivo, é otimista, lógica, racional e tem tranqüilidade para lidar com o que ocorre no dia-a-dia, a vida parece menos estressante. Quando, no entanto, pensamentos negativos dominam a mente, quando se é perfeccionista, preocupado demais, ansioso ou depressivo, até os eventos que para outras pessoas pareceriam neutros passam a ter um valor negativo significativo e se tornam estressores internos.

Os estressores externos dependem, primordialmente, de eventos que ocorrem em nossa vida, já os internos são determinados completamente pelo próprio indivíduo. Eles são o modo de ser da pessoa, se ela é ansiosa, se é tímida ou depressiva ou se tem distúrbios psicológicos. Outros exemplos de estressores internos são: o modo de pensar, a dificuldade de se impor ou de dizer não quando necessário, a dificuldade de expressar sentimentos, o modo de ser perfeccionista, pessimista etc.

Quando a pessoa se confronta com um desafio grande, seu metabolismo se altera, o organismo fica energizado pela transformação de proteínas e gorduras em açúcar e está pronto para a ação de lutar contra o agente provocador, caso a pessoa sinta que tem chance de vencer, ou para fugir do evento que leva à prontidão, no caso de se sentir impotente para o ataque. O coração se acelera para fazer circular no corpo todos os hormônios do *stress* recém-produzidos, as pupilas se dilatam, a pressão arterial aumenta, o sistema digestivo é inibido. O organismo, nessa hora, está pronto para lutar ou para fugir com uma força muitas vezes desconhecida. Todas essas mudanças têm por objetivo aumentar a energia e o vigor do organismo, a fim de que a pessoa possa se defender de alguma ameaça. Quando a ameaça é real, o *stress* pode ajudar, fornecendo mais energia, porém, quando o estressor é exagerado ou imaginário ou interpretado de modo atemorizador, a força gerada pelo *stress* acaba se voltando contra a própria pessoa.

Pensamento como fonte interna de *stress*

O caso de Artur exemplifica bem como um fato externo pode se tornar estressante, dependendo do pensamento que se tem a respeito dele.

Artur tem 55 anos, toma medicação para a pressão, pois há três anos descobriu que estava hipertenso. É ativo e dinâmico, foi gerente de uma empresa internacional por cinco anos. Competente e capaz, elaborou projetos que economizaram uma grande quantia para a empresa. É criativo e sempre se dedica muito ao que faz. Tudo estava muito bem até que, há dois meses, foi promovido, nomeado Diretor de Logística para a América Latina. É uma grande oportunidade financeira e de prestígio. Muitos gerentes queriam essa posição. Poderá viajar para vários países, terá um maior número de benefícios e até ações da empresa. Mas, desde que soube da promoção, Artur não dorme bem, perdeu o interesse no trabalho, não consegue se concentrar, "parece que as idéias não brotam mais", disse na consulta que marcou no Centro Psicológico de Controle do Stress (CPCS). Com dores de estômago e de cabeça, ansiedade, cansaço, Artur não consegue se desligar da preocupação quanto ao futuro. Pensa que talvez não consiga corresponder às responsabilidades do cargo mais alto, preocupa-se por ter de viajar muito e precisar se envolver em múltiplas atividades sociais. "Terei de ser muito melhor do que sempre fui, terei de interagir com muita gente em cada viagem; e se eu não conseguir?" Enfim, eram tantas as preocupações que a vida perdeu o brilho. Para complicar, ao medir a pressão, o que faz toda semana, verificou que ela estava a 16 x 10 (160 x 100). Agora, está preocupado também com a pressão, que fugiu do controle. Na consulta, aplicou-se o "Inventário de Sintomas de *Stress*" e verificou-se um nível muito alto, já com sintomas físicos e mentais. Questiona-se: era a promoção, de fato, que estava criando o *stress* nesse diretor? Ou o que o estava prejudicando era algo mais profundo e pessoal, algo que não pertencia ao mundo exterior, mas, sim, ao interior: seu modo de pensar, de perceber e de interpretar a promoção? Quando averiguamos de onde vinha tanta tensão, descobrimos que tudo tinha a ver com o modo como Artur via o que, para outros, seria a realização de uma vida de grande dedicação ao trabalho: a promoção. Artur estava interpretando a promoção como algo negativo e ameaçador e, conseqüentemente, estava gerando *stress* para si mesmo.

O caso de Artur mostra como um evento externo pode parecer ser a razão para estar estressado, quando, na verdade, o modo de pensar e, conseqüentemente, de reagir é que está criando tensão. Artur era, como seus vários anos de trabalho como gerente indicavam, competente e perfeitamente capaz de assumir o posto de diretor, porém, sua interpretação dessa oportunidade estava sabotando suas chances de sucesso e criando *stress*. Verifique no Quadro 7 se seu modo de pensar é estressante.

Quadro 7. Seu pensamento é estressante?

Faça um círculo nas respostas indicativas de seu modo de pensar:		
1. Quando questionam minhas idéias, penso que me acham incompetente ou incapaz.	F	V
2. Penso que, para ser aceito no grupo, tenho sempre de agradar, mesmo que isso signifique algum sacrifício.	F	V
3. Penso que, se discordar de alguém, vou criar um inimigo.	F	V
4. Se cometo algum erro, me recrimino muito, pois penso que as pessoas vão fazer mau juízo de mim.	F	V
5. Acho que, se fizer tudo certo, as coisas têm de sair como planejei.	F	V
6. Penso que sofrer injustiça é a pior coisa que pode acontecer.	F	V

Se você respondeu verdadeiro a somente um ou dois itens, é provável que seu pensamento não seja criador de *stress*, mas, se assinalou de três a seis respostas verdadeiras, isso significa que parte do *stress* que sente pode ser produzido por você mesmo. Torna-se necessário avaliar a sua maneira de pensar, pois nem sempre aquilo em que acreditamos é o melhor para nós; muitas vezes, um esforço precisa ser feito para mudar pensamentos e valores que possam nos prejudicar.

É importante aceitarmos que é impossível ser amado por todos, pois sempre encontraremos pelo menos uma pessoa que não nos admire, por melhor que sejamos ou nos comportemos. Além disso, mesmo que sentíssemos que todos nos amam e aprovam, será que não ficaríamos preocupados, pensando que, talvez, se não fizéssemos tudo para agradá-los, eles deixariam de nos amar? O gasto de energia necessário para agradar a todos seria tão grande que não haveria energia para mais nada. Procurar ser amado por todos inibe a própria capacidade de amar e de se envolver com as outras pessoas. Em vez de pensar que é extremamente importante ser amado e aceito, é melhor tentar pensar que "é bom e preferível que as pessoas nos amem, mas que, se isso não ocorre, não é nem horrível nem tão catastrófico assim, embora possa ser desagradável e frustrante".

Frustração, quando se é injustiçado ou quando as coisas não saem do modo planejado, é uma reação normal do ser humano, porém, deve-se considerar que a vida não é regida por leis exatas, matemáticas e totalmente previsíveis. Mesmo quando nos esforçamos para que tudo dê certo, a verdade é que nosso esforço nem sempre produz o resultado almejado, porque as pessoas com as quais interagimos também têm suas metas, seus valores e seus modos de lidar com o mundo, que nem sempre combinam com os nossos. É por isso também que não nos devemos afligir por divergência de opiniões. Quando alguém discorda das idéias mais preciosas que temos, daquelas nas quais acreditamos com todo fervor, é importante ficarmos tranqüilos e ouvirmos a opinião divergente. Lembre-se de que você não tem a obrigação de mudar o seu modo de pensar para agradar a outra pessoa, pode ouvir a opinião divergente, analisá-la e descartá-la, se achar que deve. Respeito pelo outro ser humano quer dizer, entre outras coisas, aceitar a idéia de que cada um tem o direito de pensar de seu próprio jeito e de expressar sua opinião. À medida que conseguimos aceitar a idéia de que os outros podem discordar de nós e de que nem por isso nos tornaremos inimigos, leva-nos a termos mais tranqüilidade quando tivermos de discordar de alguém ou defender uma idéia contrária à do grupo.

A fim de mudar o modo de pensar, a melhor estratégia é analisar o diálogo que você tem consigo mesmo, isto é, o seu pensamento. Identifique os modos falhos de conversar consigo, tente se policiar quando sentir que o pensamento o conduz a um modo inadequado de enfrentar a vida. Cada mudança interna que fizer no seu modo de pensar significa menos uma fonte de *stress* com a qual terá de lidar.

Dificuldade de dizer não como fonte interna de *stress*

A inassertividade se refere à dificuldade de defender os próprios direitos, expressar os próprios sentimentos e saber dizer não quando não se concorda com algo. Temos verificado, em várias pesquisas, que muitos hipertensos têm essa dificuldade, isto é, são inassertivos, pois parecem lutar contra a expressão de sentimentos e reprimir a hostilidade com relação ao mundo a seu redor. Essa inassertividade parece surgir do medo de perder o amor, o respeito e a admiração das pessoas. Muitos hipertensos não têm habilidade social muito desenvolvida e sentem-se desconfortáveis em situações interpessoais, em que têm de revelar sentimentos mais íntimos, por isso, tendem a evitar envolvimentos mais profundos. Às vezes, cedem, para não ter de discordar dos outros e discutir em situações de mais exposição. O Quadro 8 oferece uma oportunidade para verificar se a inassertividade é uma fonte interna de *stress* no seu dia-a-dia.

Quadro 8. Inassertividade como fonte de *stress*

Responda *sim* ou *não* aos itens que melhor descrevam o seu modo de agir:
1. Quando alguém lhe faz uma crítica injusta, tem coragem de discordar?
2. Você reclama de um atendimento muito ruim em uma loja ou restaurante?
3. Quando a comida vem errada em um restaurante, você devolve?
4. Ao sair com um(a) amigo(a), nunca é você quem escolhe o que vão fazer?
5. Quando alguém lhe faz um elogio, você fica sem saber o que dizer?
6. Você consegue expressar o que sente?
7. Você elogia funcionários ou parentes quando acha que merecem?
8. Você tem dificuldade de pedir um favor?
9. Quando um amigo ou parente lhe pede dinheiro emprestado, fica sem jeito de dizer *não*?
10. Quando não concorda com a opinião de uma pessoa, você expressa seu modo de pensar?

Some um ponto para cada vez que respondeu *sim* às questões 1, 2, 3, 6, 7 e 10 e *não* às questões 4, 5, 8 e 9. Resultados acima de sete indicam que você é extremamente assertivo em alguma situações bastante críticas; de quatro a seis indicam que você é médio em assertividade, isto é, responde assertivamente em algumas situações, mas se torna inassertivo em outras. Resultados abaixo de quatro revelam que você é inassertivo na maioria das situações, isto é, pode ser que seu modo inassertivo de lidar com a vida esteja criando *stress* para você. Lembre-se de que ser assertivo significa defender seus direitos e expressar sentimentos positivos e negativos sempre que necessário. Saber o que seria o certo, mas não agir desse modo regularmente não conta como ser realmente assertivo. É necessário que a pessoa rotineiramente seja assim. Logicamente, de vez em quando, mesmo sendo muito positiva, a pessoa pode "escolher" agir de modo aparentemente "não-assertivo", porque, naquele momento, é mais conveniente ou vantajoso.

Raiva: Um estressor importante

Recentemente, em nossas pesquisas no Laboratório de Estudos Psicofisiológicos do *Stress* da PUC-Campinas, descobrimos que a raiva pode ser também um outro estressor interno, capaz de causar grandes aumentos de pressão arterial nas pessoas hipertensas. No livro *Stress e o turbilhão da raiva* (Lipp 2005), explicamos passo a passo o que pode ser feito para reduzir a intensidade desse sentimento e viver mais tranqüilamente as relações interpessoais.

Pesquisas revelam que a raiva é um fator de risco para o desenvolvimento da hipertensão, da doença coronariana, de úlceras e para a morte prematura.

A raiva aparece muito associada com depressão, obesidade, relacionamentos conturbados, violência na família, altos índices de divórcio, perda de emprego e altas taxas de suicídio. Parece também estar presente no alcoolismo e na drogadição. Um estudo que acompanhou 150 adultos com aterosclerose mostrou que as pessoas que explodiam com raiva e contavam com pouco apoio social tinham mais probabilidade de agravamento da aterosclerose com o passar do tempo do que as outras avaliadas. Uma pesquisa com quase 13 mil adultos mostrou que as pessoas com tendência a sentir raiva têm quase três vezes mais probabilidade de vir a ter um enfarte.

É importante também analisar o modo da pessoa de lidar com a raiva, isto é, se ela é expressa para dentro, na forma de outros sentimentos (como a mágoa), para fora (verbal ou fisicamente) ou acompanhada de cinismo. Este último parece ser um dos seus aspectos mais negativos. Há estudos que mostram uma associação entre hipertensão arterial e modo inadequado de expressar raiva. A raiva expressa para fora parece estar relacionada com aumentos de pressão arterial durante momentos de *stress* social, o que é fácil de entender, pois está também associada a respostas fisiológicas exageradas e à grande mortalidade e morbidade.

Pesquisadores americanos descobriram que altos níveis de raiva se associam a aumentos de pressão arterial em momentos de *stress* em homens. Foi verificado que, quando homens com grande predisposição para exibir hostilidade expressavam raiva durante uma discussão conjugal, sua pressão arterial (tanto a sistólica como a diastólica) aumentava significativamente, em razão do *stress* interpessoal. Por outro lado, os homens com baixo traço de hostilidade, ao expressarem raiva durante o *stress* interpessoal numa discussão conjugal, não sofriam aumentos tão grandes. Os primeiros também produziam mais cortisol nessas horas. Em nossas pesquisas, verificamos que o *stress* é especialmente negativo quando a pessoa envolvida na interação tem um estilo de expressão de raiva muito intenso, seja para fora ou para dentro. Ambos os estilos, quando exacerbados, são prejudiciais, porque a pressão arterial sofre aumentos consideráveis em momentos de interações estressantes quando essas pessoas expressam a raiva de modo explosivo ou inibem excessivamente sua expressão.

Embora essas afirmações possam parecer conflitantes (expressar é ruim e inibir também), existem evidências na literatura que corroboram nossos achados. Por exemplo, alguns pesquisadores americanos enfatizam que expressar a raiva pode aumentar a pressão arterial, ao passo que outros alegam que deixar de expressar a raiva pode acarretar uma série de problemas de saúde, inclusive a hipertensão. O estudo realizado por Davidson e colegas,[2] cardiologistas que pesquisam nos Estados Unidos, com 1.862 adultos, lança luz sobre esses dados aparentemente conflitantes. Eles verificaram que a expressão construtiva da raiva se relaciona com pressão arterial basal mais baixa, indicando que a expressão adequada da raiva parece ser a forma mais apropriada no que se refere à manutenção da pressão arterial em níveis não-patológicos. Mostraram também que as pessoas que tinham habilidade para expressar a raiva de modo verbal construtivo tinham pressão arterial basal mais baixa do que os participantes com baixo nível de expressão construtiva da raiva. É possível concluir que a expressão construtiva da raiva pode ter

---

2. DAVIDSON, K.; MacGREGOR, M.W.; STUHR, J.; DIXON, K. e MacLEAN, D. (2000). "Constructive anger verbal behavior predicts blood pressure in a population-based sample". *Health Psychol*, n. 1, vol. 19, pp. 55-64.

efeito benéfico na pressão arterial basal. Desde essa descoberta, os especialistas têm tentado elaborar tratamentos para a raiva que capacitem as pessoas a expressá-la de modo adequado. Acima de tudo, os estudos mostram a necessidade de aprender a lidar com a raiva de modo a ter uma vida mais saudável. É importante descobrir se essa característica é uma fonte interna de *stress*. Analise no Quadro 9 se você tem essa fonte interna de *stress*.

Quadro 9. Você tem a tendência de responder ao mundo com raiva?

Assinale *sim* ou *não*.		
Sim	Não	
( )	( )	Você se irrita com facilidade?
( )	( )	Você se considera uma pessoa temperamental?
( )	( )	Fica incomodado com a "lerdeza" dos outros?
( )	( )	Fica furioso quando é criticado?
( )	( )	Quando tem uma frustração, tem vontade de quebrar objetos?
( )	( )	Fica irritado quando não recebe o reconhecimento que merece ter?
( )	( )	Costuma dizer com freqüência "Eu fiquei com raiva" ou "Me deu uma raiva!"?
( )	( )	Perde a compostura e as estribeiras em público e dá escândalo?
( )	( )	Ao ficar nervoso e aborrecido, diz coisas desagradáveis e xinga?
( )	( )	Quando se sente frustrado, tem vontade de bater em alguém?
Resultado: se você assinalou metade ou mais dos itens com sim, tem tendência a responder ao mundo com raiva.		

Outra fonte interna de *stress*: A alexitimia

Palavra pouco conhecida, alexitimia é um termo de origem grega que significa "sem palavras para a emoção", refere-se a uma síndrome composta de inabilidade de usar fantasia, pouca capacidade de pensamento simbólico e inabilidade marcante para experienciar e verbalizar emoções. A alexitimia se refere à dificuldade de perceber e expressar sentimentos. Recentemente, verificamos que o hipertenso identifica bem a raiva e entra em contato quase diário com ela; alguns a expressam explosivamente e outros a viram para dentro, mas têm grande dificuldade de perceber sentimentos mais sutis, em geral, percebem os extremos somente. Verificamos em pesquisas que aproximadamente 45,5% dos hipertensos testados sofriam de alexitimia. Atualmente, estamos pesquisando os efeitos do *stress* emocional na reatividade cardiovascular quando a pessoa expressa ou quando inibe as emoções, a fim de verificar se a alexitimia tem relação com aumentos de pressão arterial, pois já foi detectada uma associação entre essa dificuldade e várias doenças psicossomáticas.

Às vezes, a pessoa sente e não demonstra ou demonstra algo que não está sentindo.

Verifique no questionário do Quadro 10 se você tem dificuldade para lidar com seus sentimentos, seja na identificação ou na expressão deles.

Quadro 10. Dificuldade de lidar com sentimentos:
Uma fonte interna de *stress*

	Sinto	Demonstro
Assinale o que se refere a você, para indicar se sente e/ou demonstra sentir as emoções citadas. Ao responder, marque seu modo típico de agir e não aquele que acha certo.		
1. Vontade de acariciar pessoas queridas		
2. Pena de alguma pessoa em dificuldade		
3. Emoção ao ler certas notícias		
4. Remorso por certos atos praticados		
5. Desilusão com determinadas pessoas		
6. Desprezo por pessoas maldosas		
7. Admiração por certas pessoas		
8. Raiva em certos momentos		
9. Agressividade quando me irritam		
10. Emoção ao ver alguns filmes		
11. Felicidade		
12. Vontade de falar com carinho com as pessoas queridas		
13. Tristeza		
14. Mágoa quando alguém me trata injustamente		
15. Esperança		

Resultado: verifique quantos itens assinalou em cada coluna. O número é igual nas duas? O ideal seria marcar todos os itens tanto na coluna "sinto" quanto na coluna "demonstro". Quanto maior for o número de itens marcados igualmente nas duas colunas, melhor. Se marcou poucos itens nas duas colunas, isso pode indicar que você está um pouco distante de seus sentimentos. Lembre-se de que é importante "sentir", o ser humano não é só intelecto. É importante se arriscar a sentir. Quando você elimina os extremos das emoções, bons ou ruins, restringe-se de tal modo que passa a sentir só numa área muito restrita. Saber expressar afetividade é um sinal indicativo do nível de conforto que a pessoa tem em relação à intimidade e a si própria como um ser que sente, vibra, sofre e curte a vida. Muitas pessoas não se permitem entrar em contato completo com suas emoções e passam a vida sentindo "pela metade". São pessoas que bloqueiam as emoções e que não se permitem ou não se arriscam a entrar em contato com seus sentimentos. Essas pessoas, muitas vezes, vêem-se como "máquinas pensantes", sem direito a sentir. Algumas nem sequer notam que estão vivendo uma vida incompleta, pois não percebem o que se passa dentro delas mesmas.

O comportamento como fonte interna de *stress*

Algumas pessoas parecem estar sempre apressadas e se comportam como se o que tivessem a fazer fosse mais importante do que as responsabilidades de todas as outras. Em geral, falam de modo rápido, interrompem os outros, não suportam perder tempo em conversas sociais e são muito voltadas para a obtenção de sucesso profissional. Fazem muitas coisas ao mesmo tempo, aceitam responsabilidades além do esperado, sacrificam-se e sobrecarregam-se de atividades. Quando começamos a conversar com elas, imediatamente desfiam uma lista de projetos nos quais estão engajadas, mas pouco perguntam dos projetos dos outros. Parece que querem sempre chegar nos *finalmentes* e não têm muita paciência para cultivar amizades e se entregar a momentos de ócio. Na verdade, sentem-se desconfortáveis quando não estão fazendo nada. Essas características podem levar a muito sucesso profissional, porém, este é, em geral, de curta duração, pois esses traços estão também associados a uma maior ocorrência de enfarte e de outros problemas mais sérios de saúde. Essa descoberta foi feita por

Friedman e Rosenman,[3] dois cardiologistas americanos. Eles perceberam que seus pacientes enfartados apresentavam algumas características em comum: pareciam apressados, ansiosos para voltar ao trabalho, engajavam-se em várias atividades, mesmo numa cama de hospital, e não tinham muita paciência com os outros. Para designar as características em comum a esses pacientes, resolveram classificá-los simplesmente como portadores do "padrão tipo A de comportamento". Na verdade, o conjunto desses traços é considerado um dos maiores fatores de risco para doenças cardíacas. As pessoas que exibem o padrão de comportamento tipo A são, em geral, aquelas que reagem com intensidade a tudo. Em situação de *stress*, apresentam uma constrição excessiva dos vasos em áreas periféricas do corpo, ao mesmo tempo que sofrem uma aceleração nas batidas cardíacas. Nessas condições, o corpo acaba tentando transferir mais sangue pelos vasos que estão reduzidos em diâmetro. A conseqüência pode ser um aumento na pressão arterial.

O padrão de comportamento tipo A é, em geral, muito reforçado no âmbito laboral, tanto que, freqüentemente, a pessoa não se apercebe que esse modo de agir pode ser uma fonte de *stress* e pensa que somente assim obterá sucesso. Porém, através dos anos, muitas pesquisas têm sido realizadas mostrando o envolvimento de traços do comportamento tipo A em várias doenças. Por essa razão, é aconselhável que tentemos verificar se temos tendência a ser desse modo. Verifique no Quadro 11 se seu modo de se comportar pode estar criando *stress* e angústia em seu dia-a-dia.

Quadro 11. Seu modo de agir está criando *stress* em sua vida?

	Verdadeiro	Falso
1. Fico muito irritado quando alguém discorda de mim.		
2. Sinto um vago desconforto ou remorso quando não estou fazendo nada.		
3. Faço duas ou mais coisas ao mesmo tempo.		
4. Penso que todos deveriam ser muito rápidos no pensamento e nas ações, como eu.		
5. Fico irritado com quem inclui muitos detalhes quando conta uma história.		
6. Penso em vários assuntos ao mesmo tempo.		

3. FRIEDMAN, M. e ROSENMAN, R. (1974). *Type A behavior and your heart*. Nova York: Alfred A. Knopf.

Resultados: de quatro a seis pontos na opção "verdadeiro": você parece ter um temperamento inquieto e intenso. Esse modo de ser pode gerar muito *stress* no dia-a-dia. Procure alternativas para relaxar e se sentirá melhor.

Três pontos na opção "verdadeiro": você não é de natureza tão estressada, mas existe a probabilidade de entrar para o grupo de risco se o quadro se agravar.

Dois pontos na opção "verdadeiro": você está no grupo ideal. Continue assim!

Classificação do stress

Como a natureza dos fatores que criam *stress* pode ser muito variada, os especialistas decidiram dar nomes diferentes à reação do *stress*, dependendo do tipo de situação que o gera, a fim de tornar mais fácil tratá-lo. Para tratar o *stress*, temos de desenvolver modos de lidar com suas causas. Assim, quando a tensão emocional é criada pela ocupação que se exerce, ela passa a se chamar *stress ocupacional*, para deixar claro que o estressor presente é de base profissional. Vários estudos têm sido publicados sobre *stress* ocupacional, mostrando a preocupação atual com a influência das contingências de trabalho na saúde e no bem-estar das pessoas. Já quando os sintomas se desenvolveram por dificuldades interpessoais, a nomenclatura usada muda para *stress interpessoal*. O *stress* ligado a aspectos da infância é conhecido como *stress infantil*.

O *stress* pode também ser classificado como agudo, pós-traumático, crônico ou recorrente. O *stress* agudo refere-se à reação com sintomas específicos que ocorre logo após um evento traumático, por um período limitado de tempo, e evento traumático é aquele considerado altamente perturbador pela maioria das pessoas. As conseqüências do *stress* agudo podem ser desencadeadas tanto no âmbito psicológico/psiquiátrico, como no físico, desde simples infecções virais até úlceras gástricas e neoplasias. Por exemplo, no *stress* agudo, os hormônios podem atuar sobre os tecidos do coração e impedir a contração natural. Arritmias graves podem ocorrer, com conseqüente morte súbita. O *stress* agudo também pode desencadear a ruptura de placas de gordura nas artérias e levar ao enfarte e a outros problemas cardíacos. Além disso, entre 15% e 24% das pessoas que têm *stress* agudo desenvolvem *stress* pós-traumático, que é um transtorno complexo, que envolve vários sintomas e patologias mais severas. Quando um estressor é de grande magnitude ou quando muitos estressores de menor porte ocorrem em um período de tempo muito curto, o *stress* pode se tornar crônico e sofrer uma evolução para as fases mais graves. Pode também ocorrer na presença do que chamamos de temas de vida recorrentes e estressantes na vida de alguém.

Temas de vida

O termo *temas de vida* se refere à repetição dos mesmos incidentes e dissabores várias vezes na vida de um mesmo indivíduo. O ponto principal é que os temas se repetem através do tempo, muitas vezes, sem que se consiga identificar como eles são produzidos. Falta de sorte ou azar são as atribuições mais freqüentes na fala de quem sofre de *stress* recorrente, porém, na verdade, não se trata nem de azar nem de falta de sorte, e sim de algo que foi construído na mente da pessoa paulatinamente. Ela aprendeu a deixar que essas coisas acontecessem com ela, sem se proteger ou impedir que ocorram. É quase como se a pessoa tivesse a necessidade de recriar no presente as mesmas situações geradoras de *stress* encontradas no passado, de reviver os seus *temas de vida*. Às vezes, são temas de violência, de traição, outras, são repetições de infidelidade e de rejeição. Os temas agiriam como verdadeiros cenários estáveis, nos quais a vida da pessoa se desenrola e onde ela parece contracenar com pessoas diferentes, mas sempre mantendo o mesmo *script*.

Como esses temas são desenvolvidos ainda não está claro, porém, acredita-se que surjam como produto de interação de uma grande sensibilidade límbica – é o sistema límbico que controla nossas emoções – aliada a práticas parentais inadequadas ou experiências de vida desastrosas ocorridas na infância. Assim, seriam o produto da interação das vulnerabilidades biológicas (algumas pessoas nasceriam mais sensíveis) e das experiências da vida. Obviamente, se surgem como resultado de um processo de aprendizagem, podem também sofrer modificações e ser corrigidos, reestruturados e ressignificados, dependendo de novas experiências de vida ou de um processo terapêutico. A identificação e mudança dos temas de vida que se repetem no decorrer dos anos devem ser parte fundamental do tratamento do *stress* emocional recorrente. No que se refere às pessoas hipertensas, o tema de vida mais freqüente é ser vítima de injustiças.

4
SINTOMAS DO *STRESS* E SEU EFEITO NA PRESSÃO ARTERIAL

Os sintomas do *stress* vão depender de sua gravidade, isto é, da fase em que a pessoa se encontra, já que o *stress* se desenvolve em quatro fases. Inicialmente, a pessoa entra no estágio de alerta. Essa é a fase boa do *stress*, em que produzimos adrenalina e ficamos cheios de força e vigor, prontos para despender grande quantidade de energia se tivermos de lidar com uma emergência. Durante essa fase, podemos também sentir tensão ou dor muscular, azia, apresentar problemas de pele, irritabilidade sem causa aparente, nervosismo, sensibilidade excessiva, ansiedade e inquietação. Se o que nos causa *stress* é eliminado, saímos dessa condição e voltamos ao normal, sem seqüelas.

Porém, se o estressor continua presente ou se ocorrem outros desafios, podemos entrar na fase de resistência, que recebe esse nome porque tentamos, de um modo ou de outro, resistir ao que está acontecendo. Dois sintomas surgem quase sempre nessa fase: problemas de memória e cansaço físico e mental. Quando conseguimos lidar com a situação, ou seja, quando a resistência é eficiente, o *stress* é eliminado.

Se não conseguimos eliminar o problema ou aceitá-lo, ou se esgotamos nossas forças na luta, o organismo começa a sofrer um colapso gradual. Entramos na fase de quase exaustão, quando podem surgir os problemas mais sérios como: cansaço mental, dificuldade de concentração, perda de memória imediata, apatia, indiferença emocional, impotência sexual ou perda do desejo sexual, herpes simples, problemas de pele, gastrite ou úlcera, dúvidas sobre nós mesmos, ansiedade, crises de pânico, pressão alta, alteração dos níveis de colesterol e triglicérides etc.

Caso a situação persista e o *stress* não seja tratado, é possível evoluir para a última fase do *stress*, que se chama exaustão. Poucas pessoas chegam a esse ponto. Nessa fase, doenças graves podem ocorrer e a pessoa já não consegue se recuperar sozinha. Não consegue se concentrar, pensar de modo lógico, rir, ter gosto pela vida. Pode surgir a depressão. Tudo porque o *stress*, quando prolongado, afeta diretamente o sistema imunológico, reduzindo a resistência e tornando a pessoa vulnerável ao desenvolvimento de infecções e doenças contagiosas. Em razão do enfraquecimento do organismo, doenças latentes podem ser desencadeadas. É bom lembrar que o *stress* não "causa" essas doenças, mas propicia seu desenvolvimento, porque enfraquece o organismo e reduz sua resistência. Além do fato de que eles afetam a saúde, é importante saber como os efeitos do *stress* interferem na qualidade de vida e na habilidade de ser feliz.

Sentir-se mal de vez em quando, ter dor de estômago ou problema dermatológico, sentir-se irritado, cansado não significa sempre que se está com *stress*. Avalie o seu nível de *stress* no questionário do Quadro 12. Mas, lembre-se, cada um desses sintomas pode também significar a presença de outros problemas. É a somatória dos sintomas, na freqüência indicada abaixo, que torna possível identificar se a pessoa tem *stress*. Se parecer ter *stress*, não hesite, procure ajuda, há tratamentos especializados para isso, que podem ajudá-lo a se recuperar. Lembre-se de que o diagnóstico preciso deve ser realizado por um psicólogo especializado em *stress*.

Quadro 12. Questionário de sintomas de *stress*

Assinale o número de vezes na última semana em que sentiu os sintomas descritos a seguir:
1. Tensão muscular, como por exemplo, aperto de mandíbula, dor na nuca etc. ( )
2. Hiperacidez estomacal (azia) sem causa aparente ( )
3. Esquecimento de coisas corriqueiras, como número de um telefone que se usa com freqüência, onde se pôs a chave etc. ( )
4. Irritabilidade excessiva ( )
5. Vontade de sumir ( )
6. Sensação de que não vai conseguir lidar com o que está acontecendo ( )
7. Pensar em um só assunto ou repetir o mesmo assunto ( )
8. Ansiedade, angústia ( )
9. Distúrbio do sono, ou dormir demais ou de menos ( )
10. Cansaço ao levantar ( )
11. Trabalhar num nível de competência abaixo do seu normal ( )
12. Sentir que nada mais vale a pena ( )

Resultados: some o número de itens para os quais assinalou freqüência quatro ou mais.

Se não assinalou nenhum com freqüência quatro ou mais, parabéns, seu corpo está em pleno funcionamento!

Se assinalou de um a três itens com a freqüência quatro ou mais, a vida pode estar um pouco estressante para você. Avalie o que está ocorrendo.

Veja o que está exigindo demais de sua resistência. Pode ser que muitos desafios estejam ocorrendo em sua vida ao mesmo tempo. Também pode ser que você mesmo esteja criando tensão pelo modo de pensar. Fortaleça seu organismo com a prática de exercícios físicos, alimentação saudável, momentos de lazer e otimismo.

Se assinalou de quatro a oito itens com a freqüência quatro ou mais, seu nível de *stress* está alto. Pode estar chegando ao limite. Pode ser que as exigências da vida estejam pesando demais. Considere uma mudança de estilo de vida e de hábitos. Analise em que seu próprio modo de ser pode estar contribuindo para a tensão que vem sentindo. Utilize técnicas de relaxamento, como a do CD anexo, para prevenir os possíveis efeitos negativos do *stress*, para reduzir a tensão mental e física que está sentindo.

Se assinalou mais do que oito itens com a freqüência quatro ou mais, seu nível de *stress* parece estar muito elevado. As fontes de *stress* estão exigindo de você mais do que está podendo dar. Os estressores podem estar ocorrendo independentemente de sua vontade, como trabalho, doenças, dificuldade financeira etc., ou a tensão pode estar sendo produzida por seu modo de pensar ou de interpretar o mundo. Aumente o consumo de frutas e verduras e procure fazer exercícios físicos três vezes por semana por 30 minutos. Tente fazer relaxamento todo dia. Identifique o que está criando *stress* em sua vida e procure afastar-se disso. É aconselhável procurar a ajuda de um psicólogo especializado em *stress*.

Reatividade cardiovascular

Há mais de 2 mil anos, Celsus,[4] discursando sobre o que poderia influenciar a aceleração do pulso (freqüência cardíaca), incluiu os estados emocionais entre vários fatores por ele identificados, como correr e se exercitar. Desde então, muitas pesquisas têm demonstrado associação entre o funcionamento do sistema cardiovascular e o *stress* emocional. Os aumentos de freqüência cardíaca e/ou de pressão arterial que ocorrem em resposta a algo que está acontecendo no momento são chamados de reatividade cardiovascular.

Qualquer pessoa, independentemente de ser ou não hipertensa, sofre variações múltiplas de pressão arterial durante um dia qualquer. Essas

---

4. Aulus Cornelius Celsus, em *De medicina octo libri*. Citado por PAPAIOANNOU, V.; MAGLAVERAS, N.; HOUVARDA, E.; ANTONIADOU, E. e VRETZAKIS, G. (2006). "Investigation of altered heart rate variability, nonlinear properties of heart rate signals and organ dysfunction longitudinally overtime in intensive care unit patients". *Journal of Critical Care*, n. 1, vol. 21, pp. 95-103.

variações podem ser até substanciais. Isso é normal e ocorre muitas vezes, sem nenhuma razão que possa ser identificada. Além disso, a tendência da maioria das pessoas é mostrar uma certa reatividade, na forma de aumentos de pressão arterial, quando estão em situação de *stress*. Além disso, as pessoas hipertensas mostram uma elevação maior e mais freqüente do que as pessoas normotensas em situações idênticas. Nas pessoas sem tendência à hipertensão, essas mudanças não geram efeitos negativos, porque são passageiras, e a flexibilidade normal das artérias possibilita que o organismo se recupere sem problemas. No entanto, na pessoa que já tem predisposição para hipertensão, a constante ativação do mecanismo orgânico é vista por alguns cientistas como capaz de provocar, pela repetição, um aumento na espessura das paredes das artérias que, com o passar do tempo, poderia causar a hipertensão permanente.

Esse modo de pensar, que é conhecido como a hipótese da reatividade, professa que quanto mais freqüente for o aumento da pressão arterial numa pessoa com propensão a ser hipertensa, maior é a probabilidade de ela vir a ser hipertensa. Isso só acontece se a pessoa for vulnerável à hipertensão. Quais são as pessoas mais vulneráveis? Tal probabilidade pode ser eliminada ou reduzida? Como lidar com ela? São perguntas que continuam desafiando os pesquisadores, e ainda há muito a ser desvendado. Por exemplo, as pesquisas revelam que filhos de pessoas hipertensas mostram maior reatividade cardíaca ao *stress* do que filhos de pessoas normotensas. Suspeita-se que pessoas que um dia se tornarão hipertensas reajam diferentemente ao *stress* e já mostrem maior reatividade cardiovascular, mesmo antes de tornarem-se hipertensas. Talvez essas pessoas percebam as situações estressantes como mais ameaçadoras e reajam como se estivessem prontas para lutar. Não se sabe ainda se essa tendência é de origem genética ou se é aprendida. De todo modo, sabe-se que as pessoas hipertensas respondem, em geral, muito bem a tratamentos que envolvam relaxamento e respiração profunda. Acredita-se que seja possível reduzir a reatividade cardíaca do hipertenso, isto é, os picos de pressão arterial causados pelo *stress*, pela aprendizagem de técnicas de controle do *stress*.

É preciso entender a diferença entre reatividade e hipertensão. A pressão alta permanente é aquela que existe independentemente do que a pessoa esteja fazendo, por exemplo: se você está descansado, o médico mede a sua pressão duas ou três vezes e ela está alta, pode-se dizer que você está hipertenso. Porém, se uma pessoa, em geral normotensa, está fazendo exercício ou envolvida numa discussão, então, a pressão pode ficar alta, naquele momento, em virtude de uma reação ao que está acontecendo, mas, passado o problema, a pressão volta ao normal e, portanto, não se pode dizer que essa pessoa seja hipertensa.

O ser humano reage, às vezes, de modo bastante extremo às emoções do dia-a-dia, com elevações pressóricas. Na verdade, freqüentemente, só o fato de entrar num consultório médico para medir a pressão já faz com que ela fique alterada. Esse é o fenômeno já mencionado, e bastante conhecido de todos, denominado *hipertensão do jaleco branco*. Existem muitos outros exemplos de reatividade, e estudos no nosso laboratório indicam que até mesmo uma interação social em que a pessoa tenha de ser mais assertiva pode gerar mudanças marcantes na pressão sistólica e diastólica. Essa reatividade é ainda maior no hipertenso que, em geral, tende a não se impor assertivamente. A prática regular de exercícios de relaxamento e de respiração, aliada a uma maneira tranqüila e racional de ver a vida, pode reduzir a reatividade excessiva do hipertenso diante de situações de *stress* social, conforme temos observado.

5
SUA PRESSÃO ESTÁ ALTA: COMO VOCÊ REAGE AO DESCOBRIR QUE ESTÁ HIPERTENSO?

"Um choque e uma angústia correram pelo meu corpo quando o médico me disse que eu tinha hipertensão. Nunca havia me detido para pensar que isso poderia acontecer comigo. O quê? Tomar remédio a vida toda? Nunca mais ter vida normal? Por que tomar remédio, se não sinto nada?" Essas foram as lembranças que Sérgio relatou na terapia, triste e amedrontado, julgando-se menos do que era antes, preocupado com o futuro, mergulhado em ansiedade e depressão.

Tomar conhecimento de que se tem uma doença crônica é uma experiência das mais tocantes. É uma constatação da fragilidade humana, da vulnerabilidade do corpo, que nem sempre acompanha a mente, que vibra e continua tão ativa e saudável como sempre. Escolha cruel e delicada entre ignorar as evidências médicas, não aderir ao tratamento, na esperança de que o tempo corrija sozinho o que estiver errado no corpo, ou enveredar pela trilha do tratamento, dos remédios e dos cuidados pela vida inteira, pois essa é uma jornada permanente.

Ser portador de uma doença crônica significa tratar-se para sempre, cuidar-se todo dia, aceitar a doença como parte de si, assimilá-la e dela cuidar com toda a atenção. Ignorá-la, desprezá-la, recusar-se a integrá-la em sua vida significa desafiar um inimigo que está dentro de você e que poderá derrotá-lo um dia. A escolha, na verdade, passa a ser em que momento você deseja enfrentar a realidade e a doença. Ao cuidar dela, você a mantém sob sua tutela e a impede de crescer. Ao ignorá-la, adia essa batalha, mas, quando esta acontecer, a doença poderá estar mais forte e se transformar em uma inimiga muito mais difícil de derrotar. As pessoas que decidem encarar as doenças crônicas e utilizar os métodos comprovados de tratamento conseguem vencer a batalha, justamente porque não deixam que a doença se agrave.

Sérgio está certo em se preocupar. Como diz o médico Kenneth Cooper, especialista em capacitação física e condicionamento global do organismo, a hipertensão não dói, ela mata. Como uma bomba-relógio que silenciosamente marca o tempo, a hipertensão vai pressionando o corpo e, de repente, ele explode num acidente vascular cerebral ou num enfarte que pode levar à morte.

Mas não se estresse! Essas doenças só ocorrem se a pessoa não se tratar adequadamente. É bom saber que as pesquisas revelam que o número de mortes causadas por doenças coronarianas caiu nos Estados Unidos entre 1980 e 2000. Esse decréscimo foi atribuído, em parte, aos avanços no tratamento farmacológico, mas também, em parte, à redução de fatores de risco, resultado da mudança de estilo de vida. Se você tiver perseverança, for sistemático e sério no tratamento, certamente conseguirá manter a pressão sob controle, junto com os profissionais que estiverem encarregados do seu tratamento. Com os cuidados necessários e algumas mudanças no estilo de vida, você continuará tendo uma vida igual à de qualquer normotenso. Aliás, você pode começar a usufruir de uma qualidade de vida melhor do que a que vinha tendo até hoje. Há muitas pessoas que nunca se preocuparam com a qualidade de vida emocional, afetiva ou de saúde e que, a partir da descoberta de que sofriam de hipertensão, passaram a ter uma vida mais saudável do que a que tinham antes do diagnóstico, porque ficaram mais cuidadosas com seus hábitos de vida.

Se é verdade que não se sabe ainda o que, de fato, leva à hipertensão, muito já se sabe sobre como tratar o hipertenso e como lhe garantir uma vida normal e produtiva, sem medo e sem barreiras para a felicidade. Juntando o tratamento médico recomendado a um estilo de vida saudável, você pode assegurar que sua hipertensão se mantenha controlada.

Quando o médico verifica sua pressão, ele gosta que ela esteja abaixo de 120 x 80 mmHg, considerados níveis ideais, pois já se descobriu que eles estão associados à expectativa de vida mais alta. Dependendo de quanto acima desses valores ela estiver, o médico recomendará um tratamento diferenciado. Até 140 x 90 mmHg, muitas vezes, somente sugerirá mudanças de hábitos de vida, como aumentar a atividade física, melhorar a alimentação, reduzir o *stress* e aprender a relaxar. Acima desses valores, poderá recomendar uma associação entre mudanças de estilo de vida e alguma medicação. Só o médico pode tomar essa decisão, pois é ele quem avalia os vários fatores da sua história de vida, além da pressão arterial do momento.

6
ADESÃO AO TRATAMENTO: A RESPONSABILIDADE PELA SUA VIDA É INDELEGÁVEL!

Existem inúmeros fármacos muito eficazes no tratamento da hipertensão. Mas, mesmo assim, nem sempre eles conseguem o controle total. Nos últimos anos, descobriu-se que, além de tomar os remédios em quantidades e horas certas, de modo contínuo e sistemático, é também importante adotar outros cuidados que ajudem os remédios a "segurar" a pressão em níveis bons. Saber lidar com as tensões da vida de modo mais eficaz e menos angustiante e cultivar hábitos de vida saudáveis ajudam muito.

Não há remédio que "cure" a hipertensão para sempre, e as mudanças no estilo de vida têm de ser permanentes para que funcionem. Na maioria das doenças, a dor e o desconforto fazem com que o paciente acabe tomando a medicação recomendada e siga as recomendações de mudança no dia-a-dia que tornam o desconforto menor. Porém, no caso de hipertensão, também chamada de "assassina silenciosa", não há sintomas – na maioria das vezes, o paciente não sente nada, não há dor ou desconforto. É curioso que uma condição que envolve um risco tão grande não gere dor ou desconforto. Além disso, as conseqüências não são imediatas, levam anos para que ocorram um acidente vascular cerebral ou uma coronariopatia. Por isso, muitos hipertensos não aderem ao tratamento, com conseqüências seriíssimas para o futuro. Assim, é importante entender o risco que se corre e o que é possível fazer para se proteger e evitar complicações, invalidez ou morte prematura. Com o tratamento farmacológico e o controle do *stress*, que leva a mudanças e à aquisição de um estilo de vida saudável, o hipertenso usufrui de uma vida longa e produtiva, sem riscos desnecessários. É, acima de tudo, uma questão de perseverança e autoproteção.

Passos que podem ajudá-lo na adesão ao tratamento

1. Não há dúvida de que o elemento mais importante para a eficácia do tratamento de qualquer doença crônica é a pessoa decidir que vai assumir responsabilidade pelo seu tratamento. No caso de hipertensão, sem essa decisão, o controle fica mais difícil, porque o médico sozinho não tem como mudar os hábitos de vida do paciente, que são fator importante para viver bem. É preciso que você se convença de que *é o ator principal no teatro de sua vida. Você* é que tem de tomar os remédios fielmente, *você* é que tem de mudar sua vida e aderir a essas mudanças. O médico e o psicólogo especialista em *stress* podem, e devem, ajudá-lo a elaborar um plano de vida que comporte o controle da pressão, porém, somente *você* pode implementar tal plano. Lembre-se de que está em suas mãos determinar se vai assumir ou não os riscos e se vai fazer uma adesão sistemática ao tratamento.

2. Seu médico é uma pessoa importante para o seu bem-estar, portanto, tente encontrar um no qual confie. Só ele pode dizer se você precisa ou não tomar remédios. Se tiver dúvidas, não hesite em conversar com ele sobre que medidas devem ser adotadas no seu caso específico, para adquirir um estilo de vida saudável.

3. Todos sabem que mudança de hábito é difícil e que não se muda de repente. Portanto, saiba que terá de tomar algumas cautelas para conseguir mudar e manter as mudanças. Antes de começar, planeje sua mudança de estilo de vida como planejaria uma longa viagem. Elabore seu plano de ação. Não adie. Marque uma data para começar um novo estilo de vida. O importante é elaborar um plano que contribua para manter a pressão sob controle, tomando o menor número de remédios. Este livro lhe fornecerá várias sugestões que poderão ser úteis para elaborar esse plano.

4. Planeje tomar seu remédio todo dia na mesma hora, a fim de que se torne um hábito, como o de escovar os dentes ou lavar o rosto, que são tão automáticos que a pessoa não esquece.

5. No dia escolhido, coloque em ação o plano de mudança de hábitos e de melhoria de qualidade de vida. Se você é como a maioria das pessoas, vai pensar em mil desculpas para adiar o início de uma nova vida. Isso ocorre porque toda mudança assusta um pouco as pessoas. Não vacile; não começar significa que você vai ficar se preocupando, porque não teve coragem de começar ainda, o que, infelizmente, pode até piorar a sua pressão. Uma vez que se decida a mudar, não permita que preguiça, comodismo ou medo do novo o detenham. Lembre-se, é a peça de sua vida que está no palco sendo representada e *você* é o ator principal.

6. Verifique a sua pressão regularmente, mas não de modo obsessivo. Vá ao médico nas consultas marcadas e, se achar que precisa de uma consulta extra, converse com ele. Ao mesmo tempo, avalie sempre se as mudanças que planejou fazer em sua vida estão sendo implementadas corretamente.

7. Não espere uma melhoria imediata; leva algum tempo para que o efeito seja notado. Lembre-se de que o excesso de sal, a falta de atividade física, a ingestão exagerada de bebidas alcoólicas e o *stress* são fatores que interferem na elevação da pressão arterial. Tente ver o que, em geral, aumenta sua pressão e evite essas coisas, sejam elas comidas, bebidas ou ainda interações sociais com certos amigos ou parentes.

8. Faça com que as mudanças introduzidas em sua vida, e que o fizeram se sentir bem, sejam mantidas, até que se tornem parte integrante de sua rotina. Não desista depois de algum tempo. Lembre-se de que sua pressão arterial pode novamente ficar descontrolada. A decisão de assumir o controle de sua saúde tem de ser para o resto da vida, a fim de que você possa ter esta vida para viver.

9. Quando notar que está vivendo do modo saudável que escolheu viver, parabenize a si mesmo, conte para as pessoas mais próximas, para que elas também colaborem com você nessas mudanças.

7
A QUALIDADE DE VIDA DO HIPERTENSO

Atualmente, o ser humano não se satisfaz somente com o sucesso profissional. A globalização levou-nos todos a conhecer outras realidades. De um lado, sabemos das guerras, das mortes, das falcatruas, da maldade humana. De outro, tomamos contato diário com lugares maravilhosos, com outros estilos de vida, com pessoas que são genuinamente felizes, independentemente de condição financeira, com pessoas que cultivam a felicidade, o viver sem pressa e que assumem um estilo de vida capaz de gerar bem-estar e tranqüilidade.

Outro fator que nos leva a uma visão diferenciada do que vale a pena na vida é o fato de que a longevidade humana está aumentando consideravelmente, e isso nos leva à reflexão sobre como aproveitar plenamente a sobrevida que ganhamos.

Além disso, graças às várias ações de pessoas ligadas à área da saúde, no mundo inteiro, estamos vislumbrando a importância que o estilo do viver tem para uma boa qualidade de vida. Descobrimos que qualidade de vida significa muito mais do que apenas estar vivo. Por qualidade de vida, entendemos o viver que é bom e compensador em pelo menos quatro áreas: social, afetiva, profissional e a que se refere à saúde. Para que se considere que uma pessoa possua boa qualidade de vida, é necessário que ela tenha sucesso em todos esses campos. Não é suficiente ter muito sucesso só na carreira ou só na área social e não nas outras áreas, pois todo ser humano precisa usufruir de vida de qualidade nas quatro. A elas pode-se também adicionar a espiritual, que necessariamente não se refere a uma ou outra religião específica, mas, sim, a um sentimento de paz interior, a uma compreensão da sua missão na vida e no mundo.

Verifique sua qualidade de vida do momento respondendo ao "Questionário de qualidade de vida"[5] do Quadro 13. Ao elaborar seu plano de mudanças, inclua a melhoria de sua qualidade de vida como um dos objetivos. Para fazer isso, verifique os itens em que você não se saiu bem no teste e planeje mudanças que gerem melhoria naquela área.

Os efeitos colaterais das drogas anti-hipertensivas, muitas vezes, prejudicam a qualidade de vida do hipertenso, portanto, esse tópico se torna de suprema importância e não deve, de modo algum, ser deixado de lado. Você pode, com um bom planejamento, com determinação e uma atitude responsável, ter uma vida altamente gratificante e livre de problemas.

As pessoas que se consideram realmente felizes atribuem a felicidade ao sucesso em quatro áreas, que poderíamos chamar de "quadrantes de vida": o social, o afetivo, o profissional e o que se refere à saúde. Pode-se dizer que a qualidade de vida só é atingida se a pessoa obtebe sucesso nessas quatro áreas. Sucesso só em uma delas, por maior que seja, significa fracasso nas outras. Avalie sua qualidade de vida, descobrindo se tem sucesso em cada quadrante. Responda sim ou não, conforme a sua realidade, e tenha uma noção da qualidade da sua vida neste momento.

Quadro 13. Questionário de qualidade de vida

Quadrante social	Sim	Não
1. Tenho amigos com os quais me socializo em casa.		
2. A maior parte de meus amigos depende de mim para algo importante.		
3. Gosto de conversar sobre assuntos não-relacionados ao meu trabalho.		

5. Esse questionário foi publicado originalmente em LIPP, M.E.N. e ROCHA, J.C. (1996). *Stress, hipertensão arterial e qualidade de vida*. Campinas: Papirus.

	Sim	Não
4. Há horas em que acho que visitar e receber meus amigos é uma perda de tempo.		
5. Converso com meus vizinhos.		
6. Sinto-me desconfortável em festas.		
7. Colaboro com alguma instituição de caridade.		
8. Às vezes, me esquivo de atender telefonemas de amigos.		
9. Prefiro conversar sobre negócios, mesmo em uma festa.		
10. Gosto de passear sem pressa ou horários.		

Quadrante afetivo	Sim	Não
1. Tenho um relacionamento afetivo estável – esposa(o)/namorada(o).		
2. Sou admirado por minhas qualidades além de minha atuação profissional.		
3. Sou comunicativo e alegre com meus filhos.		
4. Minha família está razoavelmente satisfeita com o número de horas que dedico a ela semanalmente.		
5. Recebo afeto.		
6. Dou afeto.		
7. Me admiro e gosto de mim mesmo.		
8. Gosto de observar a natureza e o faço sempre.		
9. Às vezes, fico lembrando pequenos episódios bons da minha vida.		
10. Comemoro com prazer as datas importantes para mim.		

Quadrante profissional	Sim	Não
1. Sou competente em meu trabalho.		
2. Tenho metas quanto ao que quero fazer.		
3. Meu trabalho é reconhecido por outros.		
4. Não tenho medo do futuro no que se refere ao trabalho.		
5. Ganho satisfatoriamente.		
6. Se pudesse, pararia de trabalhar.		
7. Sinto que contribuo para o sucesso da empresa.		
8. Escolhi a profissão errada.		
9. Meu trabalho me dá segurança.		
10. Se fosse possível, mudaria de emprego.		

Quadrante da saúde	Sim	Não
1. Raramente tenho cefaléias.	☐	☐
2. Minha pressão arterial está normal.	☐	☐
3. Raramente tenho problemas dermatológicos.	☐	☐
4. É infreqüente ter azia.	☐	☐
5. Faço *check-up* regularmente.	☐	☐
6. Vou ao dentista todo ano.	☐	☐
7. Faço exercícios físicos pelo menos três vezes por semana.	☐	☐
8. Minha alimentação é saudável.	☐	☐
9. Utilizo técnicas de relaxamento quando estou tenso.	☐	☐
10. Consigo me desligar dos problemas para descansar.	☐	☐
11. É raro tomar calmantes.	☐	☐
12. Tenho sensibilidade emocional.	☐	☐
13. É raro ter ansiedade ou angústia.	☐	☐
14. Meu peso está dentro da média.	☐	☐
15. Durmo bem.	☐	☐

Resultados:

- Quadrante social – Some três pontos por resposta positiva nos itens 1, 3, 5, 7 e 10. Subtraia um ponto por resposta positiva nos itens 2, 4, 6, 8 e 9. Se o resultado for acima de nove pontos, suas respostas indicam sucesso nesse quadrante.

- Quadrante afetivo – Some um ponto por resposta positiva. Resultados acima de oito indicam sucesso na área afetiva.

- Quadrante profissional – Some um ponto por resposta positiva nos itens 1, 2, 3, 4, 5, 7 e 9. Subtraia um ponto por resposta positiva nos itens 6, 8 e 10. Resultados acima de cinco indicam sucesso profissional.

- Quadrante saúde – Some um ponto por resposta positiva dada aos itens desse quadrante. Resultados acima de 11 indicam sucesso.

8
O HIPERTENSO E SEU MODO DE SER

Impossível e absurdo categorizar psicologicamente as pessoas em razão de doenças das quais sejam portadoras. Os hipertensos não são todos iguais em seu modo de ver o mundo, reagir a ele e se comportar na vida. Existem muitos modos de ser e pensar, e a individualidade humana deve ser respeitada como algo precioso, pois é justamente a aceitação da diversidade que enriquece e acrescenta criatividade ao nosso mundo. No entanto, não é possível negar que, durante a experiência clínica com pacientes que sofrem de males diversos, muitas vezes, percebem-se traços psicológicos comuns nos portadores da mesma patologia, mesmo que as exceções sejam muitas.

Através dos anos, os especialistas têm identificado algumas características freqüentes em pacientes com doenças crônicas como a hipertensão. Os dados apresentados aqui são oriundos de várias pesquisas realizadas com pacientes hipertensos tanto no Brasil como nos Estados Unidos. Mas cabe lembrar que nenhuma das observações se aplica a todas as pessoas que sofrem de hipertensão. Certamente, muitos hipertensos não apresentarão as características de personalidade mencionadas aqui, do mesmo modo que muitas pessoas que não são hipertensas podem ter as características psicológicas apresentadas. Existem muitas exceções ao que mencionamos.

O Quadro 14 revela algumas características freqüentemente encontradas em pessoas hipertensas em nossas observações e em nossas pesquisas. Pode-se verificar uma mistura de traços que, em combinação, são capazes de gerar um alto nível de *stress* emocional e, conseqüentemente, têm o poder de afetar a pressão arterial. Nota-se no hipertenso grande dificuldade de ser assertivo; ele luta contra a expressão de sentimentos e reprime a hostilidade em relação ao mundo ao seu redor. Investe muito nos outros e não consegue lidar bem com as injustiças. Utiliza uma quantidade excessiva de energia psicológica tentando manter controle sobre o que se passa. Tenta controlar a sensação de injustiça perante a vida, que é o seu tema de vida mais freqüente, e sente necessidade de ser amado e aceito pelo mundo que o rodeia. Os traços mencionados no Quadro 14, que foram discutidos em detalhe no capítulo de fontes internas de *stress*, formam um perfil de personalidade que produz *stress* e pode acarretar aumentos pressóricos regulares.

Quadro 14. Características psicológicas mais comuns do hipertenso

1. Inassertividade

2. Luta contra a expressão de sentimentos

3. Repressão da hostilidade e da raiva em relação ao mundo ao redor e nos momentos de explosão emocional

4. Investimento de muita energia psicológica tentando manter o controle sobre o que se passa ao redor

5. Tema de vida prevalente: sensação de injustiça perante o mundo

6. Sentimento de que há necessidade de ser amado e aceito por todos

7. Presença de várias características do padrão tipo A de comportamento como competitividade, pressa, polifasia (fazer ou pensar várias coisas ao mesmo tempo)

8. Preocupação com a obtenção de metas

9. Senso de responsabilidade exagerado

10. Falta de contato com o que sente no corpo e na mente

Alexander,[6] um dos primeiros estudiosos da psicossomática, há quase 80 anos, postulava que a hipertensão seria o resultado de conflitos íntimos

---

6. ALEXANDER, Franz (1939). "Emotional factors in essential hypertension". *Psychosomatic Med.*, pp. 173-179.

que manteriam a pessoa em permanente estado de alerta. Esses conflitos estariam relacionados com a expressão de raiva, hostilidade, agressão e dependência. Hoje, já existe comprovação de que o sistema cardiovascular é diretamente afetado pelo sistema nervoso e pelas ações endócrinas, de modo que, em momentos de ansiedade, tensão ou medo, todo o organismo pode ser afetado. Deve-se atentar para o fato de que esses estados emocionais, que tanto impacto causam na pressão arterial, são muitas vezes produzidos pelo próprio organismo. Alguns hipertensos parecem estar sempre em conflito com a própria hostilidade, que reprimem a ponto de não deixar ninguém perceber a raiva, dando a impressão de serem passivos e até submissos. Percebe-se também que muitos tentam controlar suas emoções a todo custo, freqüentemente ignorando o que sentem e tendo dificuldades em expressar emoções, mesmo as relacionadas a amor e afeto.

Essas características muitas vezes têm impacto negativo nas relações interpessoais, porque, na tentativa de ignorar e controlar as emoções, os hipertensos desenvolvem uma grande tolerância aos dissabores e às agressões, e se controlam até o limite máximo de sua capacidade de suportar desconforto emocional, antes de demonstrar raiva, mágoa ou tristeza. Quando chegam ao limite, acabam exagerando nas demonstrações de emoção, dando a impressão de serem imprevisíveis, descontrolados e cheios de altos e baixos emocionais. Esse modo de se comportar, sendo às vezes muito tolerante e agradável e, de repente, agressivo ou explosivo, pode levar a grandes dissabores nas relações afetivas, no trabalho e na sociedade, no geral. A tendência ao controle exagerado das emoções e mesmo do ambiente ao redor é freqüentemente tão proeminente que nem os próprios hipertensos percebem o que se passa com eles.

No livro *Stress, hipertensão arterial e qualidade de vida* relatamos dois casos que repetimos aqui para exemplificar como as pessoas hipertensas se distanciam das próprias emoções em certos momentos. Em um dos nossos estudos destinados a analisar a reatividade cardiovascular durante uma entrevista psicológica, um paciente que acabara de perder o emprego (fato, aliás, que desconhecíamos) foi solicitado a discorrer sobre o seguro-desemprego. Sua pressão imediatamente subiu vários milímetros de mercúrio, indicando envolvimento emocional com o que estava sendo discutido e reatividade cardíaca ao tópico. Após a discussão, ao ser solicitado a avaliar quanto de tensão havia sentido durante a entrevista, afirmou categoricamente que não havia sentido tensão nenhuma. Quando mostramos a ele os dados registrados de aumento de sua pressão no momento exato em que falava sobre o desemprego, esse paciente mostrou-se imensamente surpreso. Note-se aqui que o entrevistador não sabia da perda do emprego e suas perguntas eram as mesmas para todos os pacientes.

Fato semelhante ocorreu com outro paciente em uma entrevista em que se discutiu o sistema carcerário (a entrevista pretendia averiguar a reatividade cardiovascular que ocorre quando se discutem tópicos de interesse geral). Notou-se que sua pressão arterial subiu vários milímetros de mercúrio nesse momento. Quando se revelou a ele o registro da pressão, ele também se mostrou surpreso e acabou dizendo que havia passado um ano numa prisão anos antes, mas que, por muito tempo, não havia mais pensado nisso. Mais uma vez, o fato não era do conhecimento do entrevistador, que estava simplesmente discutindo os mesmos tópicos com todos os participantes do estudo. Essa dificuldade de perceber as próprias emoções é muito comum entre os hipertensos, é como se eles permanecessem distanciados de si próprios e das outras pessoas.

É preciso enfatizar que nem todo hipertenso se encaixa no perfil descrito. Há muitas pessoas com pressão alta que são assertivas, possuem habilidades sociais superiores, permanecem em contato com seus sentimentos e lidam bem com as frustrações e injustiças da vida. No entanto, é importante, ao planejar o tratamento não-medicamentoso, considerar os dados mais apropriados para o paciente cardíaco. Por exemplo, sabendo que a pressão arterial do hipertenso sobe ainda mais quando ele discute tópicos de conteúdo emocional intenso, qualquer modelo de terapia com ele usado deve levar em consideração esse fato. Desaconselha-se, por exemplo, a utilização de modelos psicoterápicos que toquem em conflitos psíquicos de modo muito abrupto ou intenso. Por oferecer possibilidades de mudanças internas e de estilos de vida sem a necessidade de elaboração emocional de focos conflitivos eliciadores de ansiedade excessiva, o tipo de terapia mais recomendado para lidar com o hipertenso seria a de enfoque cognitivo-comportamental. Considerando-se também o impacto que as fontes internas de *stress* têm na regulação da pressão arterial, é altamente recomendado que o treino de controle do *stress* emocional seja disponibilizado para essa população, a fim de eliminar os fatores desencadeadores de reatividade cardiovascular excessiva e freqüente.

9
A ABORDAGEM MULTIPROFISSIONAL DO TRATAMENTO DA HIPERTENSÃO

As V Diretrizes Brasileiras de Hipertensão Arterial recomendam que o tratamento do hipertenso seja realizado dentro de uma abordagem multiprofissional, contando com médico, enfermeiro, técnico e auxiliar de enfermagem, psicólogo, nutricionista, educador físico, assistente social, farmacêutico e agente comunitário, cada um atuando em sua especialidade e somando esforços para garantir a adesão ao tratamento e o autocuidado. A hipertensão é uma condição complexa e perigosa, que pode levar a várias outras enfermidades, e até à morte, e é considerada o maior fator de risco de enfarte. Fala-se tanto em risco e, por isso, é importante saber que a expressão "fator de risco" tem sua origem em um estudo americano que identificou cinco fatores como tendo alta correlação com o enfarte. Esses fatores podem se somar, aumentando a probabilidade de o enfarte ocorrer. São eles: hipertensão, fumo, obesidade, colesterol elevado e diabetes, já discutidos em outro capítulo.

Embora não seja fácil, você pode, mesmo com dificuldade, eliminar o tabagismo, a obesidade, controlar os níveis de lípides e de glicemia, reduzindo, portanto, o risco de vir a ter um enfarte ou um acidente vascular cerebral (derrame). Se seu médico achar viável controlar a pressão sem medicação, adote um estilo de vida mais saudável. Toda mudança de hábitos de vida exige determinação, força de vontade e continuidade. A noção de que temos de ser fiéis a nós mesmos, de que a responsabilidade pela nossa vida é, de fato, indelegável pode ser de grande ajuda na hora de aderir aos novos hábitos. O ser humano só consegue desenvolver um novo estilo de vida se praticar continuamente os hábitos que deseja adquirir. Se o hipertenso desejar ter uma vida plena, com menor risco de doença e acidente cardiovascular, terá necessariamente de mudar hábitos e manter a mudança para sempre.

Além do controle dos cinco fatores de risco mais estabelecidos, um outro fator que afeta a qualidade de vida e a pressão arterial da pessoa hipertensa é o *stress*. Desse modo, torna-se importante aprender a controlá-lo adequadamente.

O treino psicológico de controle do stress *para hipertensos (TCS-H)*

O TCS-H é uma adaptação do treino de controle do *stress* (TCS) de Lipp,[7] que pode ser utilizado por todos, com ou sem pressão alta, e é composto de quatro pilares: relaxamento, alimentação anti-*stress*, exercício físico e promoção da estabilidade psicológica.

A fim de entender o valor do TCS-H, é importante lembrar como o *stress* pode afetar a pressão arterial. Sabe-se que qualquer variação no DC ou na resistência periférica é suficiente para produzir mudanças na pressão arterial. A ação do *stress* assume relevância, porque, pela estimulação do sistema nervoso simpático, o *stress* causa uma liberação de catecolaminas, que, por sua vez, produzem uma constrição dos vasos sanguíneos, fazendo com que a resistência periférica aumente. Ao mesmo tempo, o *stress* afeta também o ritmo cardíaco e a quantidade de sangue expelida pelo coração a cada batimento, isto é, o DC. Esses aumentos, no entanto, não necessa-

---

7. LIPP, M.E.N. (2001). "A eficácia do treino de controle do stress: Estudos experimentais-clínicos. *In*: LIPP, M.E.N. *Pesquisas sobre stress no Brasil*. 2ª ed. Campinas: Papirus, pp. 149-168.

riamente significam hipertensão, pois, na maioria das vezes, trata-se somente de certa reatividade pressórica que o organismo controla, fazendo com que a pressão volte ao normal logo após o fim do evento que causou o *stress*. Mas, nos casos em que ele não termina ou é de grande intensidade e importância, ou ainda em situações em que se esteja sujeito a inúmeros estressores, a auto-regulagem não ocorre e a pressão continua alta.

Alguns especialistas acham que, se houver grande reatividade com muita freqüência, a hipertensão poderá se desenvolver ou se agravar. Por isso é tão importante que todo hipertenso aprenda a controlar o *stress* em sua vida, o que é perfeitamente possível quando se decide ter uma vida equilibrada e serena. Mesmo que o caos ocorra ao seu redor, mesmo que as emergências surjam, mesmo que a vida lhe traga muitas crises, é possível aprender a lidar com o inevitável e reduzir algumas fontes de *stress* do dia-a-dia. Ainda que você não tenha tido a oportunidade de, quando criança, aprender estratégias de enfrentamento do *stress*, poderá aprendê-las a qualquer momento que deseje mudar e promover uma melhor qualidade de vida. O treino de controle do *stress* que estamos propondo já foi testado em várias pesquisas e se mostrou muito útil para hipertensos. Vários artigos já foram publicados sobre ele, e os pacientes hipertensos que temos acompanhado através dos anos continuam a utilizá-lo de modo regular e dizem ter aprendido a manter o *stress* emocional em níveis aceitáveis.

O controle do *stress* que propomos envolve vários passos descritos a seguir.

Passos do TCS-H

1. *Aprenda o que é* stress e a reconhecer os seus sintomas.
2. *Tente identificar as situações* que lhe fazem ficar tenso e/ou causem aumento de pressão arterial.
3. *Elimine os estressores possíveis de serem eliminados ou se afaste deles* e entenda que terá de aprender a lidar com tudo o que não for passível de ser evitado.
4. *Faça uma auto-análise* e tente descobrir se mantém fontes internas de *stress* que o prejudicam. Para fazer essa avaliação, responda aos questionários dos quadros constantes do capítulo 3, na parte sobre fontes internas de *stress*. Verifique, por exemplo, seu nível de inassertividade, padrão tipo A de comportamento, síndrome da

pressa, modo de pensar estressante, raiva reprimida, desejo de ter tudo sob controle, necessidade excessiva de que tudo seja justo e de ser amado por todos. Todas essas características podem estar atuando dentro de você e produzindo *stress* contínuo.

5. *Tente mudar o modo de pensar* ou agir que possa ser nocivo e gerador de *stress* emocional.
6. *Saiba o que é e o que causa a hipertensão.* Verifique se sabe mesmo o que é pressão alta, suas possíveis causas e como o organismo regula a pressão arterial.
7. *Entenda como o* stress *afeta a pressão arterial.* Entenda como o *stress* contribui para elevar a pressão.
8. *Conheça seu padrão respiratório.* Evite a hiperventilação, que ocorre em virtude da respiração ofegante, capaz de produzir uma quantidade de oxigênio maior do que a necessária para o funcionamento normal do organismo. Alguns pesquisadores acreditam que ela possa precipitar ataques de ansiedade e pânico. Evite também a respiração superficial, que pode ocorrer na vida rotineira das pessoas sem que percebam. Quando isso acontece, o nível de dióxido de carbono no sangue é elevado e ocorre acidose respiratória. Quando a pessoa prende a respiração ou respira de modo muito superficial, mudanças se manifestam no sistema hemodinâmico, com conseqüências diretas para a elevação da pressão arterial. Note, no entanto, que muitas pessoas que respiram de modo superficial não sofrem de hipertensão. A fim de que a pressão seja afetada pela inibição respiratória, outros fatores devem se juntar ou interagir com ela.
9. *Aprenda a relaxar, praticando algum exercício de relaxamento todo dia.* Relaxar é desligar-se, é entregar-se a um momento sem estrutura e sem obrigações. Este livro é acompanhado de um CD que contém um tipo de relaxamento que tem sido usado em nosso trabalho com hipertensos. Sugerimos ouvi-lo uma vez por dia e relaxar pelo menos por 15 minutos diariamente. Se preferir outro tipo de exercício, escolha o que mais o tranqüiliza, pois qualquer atividade na qual possa se engajar e que produza o efeito de tranqüilidade e paz é considerada relaxamento.
10. *Avalie o seu nível de atividade física.* O exercício físico, como caminhar rápido, jogar futebol e pular corda, pode ajudar a manter a pressão arterial normal, se for feito regularmente. Porém, no caso da pessoa hipertensa, é necessário discutir com o médico um programa a ser seguido gradualmente. Muitas vezes, a caminhada é a melhor opção. A atividade física é muito importante e deve ser realizada com regularidade. Alguns estudos têm demonstrado que o exercício físico realizado três vezes por semana, por aproximadamente meia hora, pode produzir uma redução na pressão arterial depois de algum tempo. É interessante notar que essa queda de pressão produzida por exercício físico não ocorre em pessoas normotensas. O tipo de exercício mais eficaz é o que envolve movimentos rítmicos da musculatura maior, como natação, ciclismo, caminhadas rápidas etc. É importante lembrar que, durante o exercício, de qualquer natureza, a pressão arterial se eleva, tanto na pessoa hipertensa como na normotensa, porém, o aumento maior é nos indivíduos que já têm a pressão alterada. A pressão volta ao

normal em curto espaço de tempo, em virtude da vasodilatação periférica que ocorre após o exercício.

O exercício também é uma medida coadjuvante para diminuir o *stress*. É importante escolher um tipo de exercício que o agrade e combine com seu modo de ser, a fim de evitar o abandono prematuro da prática antes de o hábito do exercício ser estabelecido. Sabe-se que, para as pessoas que não têm o hábito de se exercitar, é difícil começar um programa de atividade física, e mais difícil ainda dar continuidade a ele. Porém, se você selecionar bem o exercício que vai praticar e desenvolver uma rotina adequada, os benefícios o compensarão pelo esforço.

11. *Cuide de sua alimentação.* Quando se passa por um período de muito *stress*, o corpo utiliza as reservas de nutrientes que tem e fica deficitário em alguns deles. Por isso, é importante manter uma alimentação rica nos nutrientes que se calcula estarem envolvidos na reação do *stress*, ou seja, as vitaminas do complexo B, a vitamina C, o cálcio e o magnésio. Há também alimentos que devem ser evitados, principalmente em períodos de *stress*, que são: cafeína, açúcar em demasia, corantes, carnes gordurosas, sal e refrigerantes. Essas recomendações nutricionais se aplicam a todos que passam por períodos de *stress* excessivo, independentemente do seu nível de pressão arterial. No caso da pessoa hipertensa, é necessário tomar cuidados maiores para evitar que a hipertensão cause danos às artérias. Alguns pesquisadores sugerem que o potássio pode também retardar o desenvolvimento da hipertensão e reduzir o risco de acidente cardiovascular. Essa afirmação é baseada em um estudo de 12 anos realizado por dois médicos pesquisadores, Khaw e Barret-Connor,[8] na Califórnia, que calcularam que quatro gramas extras de potássio por dia diminuem em 40% o risco de morte por AVC. Deve-se observar que esse dado ainda carece de confirmação. Note-se também que o aumento do consumo do potássio deve ser restrito a pessoas que tenham funcionamento normal dos rins e que não estejam tomando remédios que aumentam o nível de potássio, como alguns diuréticos poupadores de potássio (amilorida ou espirona lactona, os inibidores da enzima de conversão de angiotensina e bloqueadores dos receptores de angiotensina II).

O tratamento da hipertensão inclui uma dieta planejada, na qual se deve ingerir pouco sal e procurar consumir alimentos ricos em potássio, como laranja, banana, ameixa, figo, abricó, melão, uva-passa, feijão, tomate, batata-inglesa ou batata-doce, cogumelo, espinafre e ervilha. O controle do sódio na alimentação do hipertenso é também importante nas condições de *stress*. A cautela com o sal na comida deve ser ainda maior quando a pessoa

---

8. KHAW, K.T. e BARRETT-CONNOR, E. (1987). "Dietory potassium and stroke-associated mortality. A 12-year prospective population study". *The New England Journal of Medicine*, n. 5, vol. 316, pp. 235-240.

está atravessando um período de *stress*, pois a interação do sódio com o *stress* produz efeitos marcantes na pressão arterial. Muitas vezes ingerimos mais sal do que pensamos estar consumindo, porque não sabemos que ele está contido em determinadas comidas, como caldo de carne ou de frango em cubos, azeitonas, a água que vem nos alimentos em lata ou vidro, presunto, *bacon*, lingüiça ou salsicha, batata frita em pacote, carne-seca, bacalhau, carnes ou peixes em conserva, biscoitos salgados, queijo gorgonzola, parmesão, molho de soja, molho inglês, sopas em lata ou pacote, maionese em vidro, conservas, *pizza*, chucrute, frios e a maioria das comidas compradas prontas.

Nos últimos anos, os estudiosos da área acrescentaram cálcio à lista de nutrientes importantes para o controle da hipertensão, pois ele tem papel relevante nas contrações do coração e no funcionamento do sistema nervoso simpático. Além disso, sabe-se também que ele é importante para a prevenção da osteoporose. Um estudo americano revelou que a ingestão suplementar de 1 mg de cálcio ao dia causou redução na pressão diastólica dos pacientes ao fim de um período de quatro semanas. Isso é interessante, principalmente considerando que as pessoas hipertensas, muitas vezes, têm dificuldade de metabolizar o cálcio. A necessidade diária de cálcio é de 800 mg para homens; 1.000 mg para mulheres mais jovens e 1.400 para mulheres após a menopausa. Muitos alimentos contêm cálcio, entre eles: agrião, amêndoa, brócolis, couve, gergelim, leite, queijo branco e salsa.

CONCLUSÃO

As sugestões contidas neste livro envolvem medidas claras e objetivas de como reduzir o *stress* emocional e promover um maior controle da pressão arterial. São medidas que devem ser adotadas juntamente com a medicação recomendada pelo seu médico. Nunca pare de tomar a medicação sem que ele esteja de acordo, pois só o médico pode avaliar a interação de vários fatores de risco presentes em seu caso específico. Por outro lado, não se deve esperar que só a medicação hipotensora seja suficiente. Hipertensão é algo muito sério, que pode levar a doenças fatais. É preciso cuidar dela de modo sistemático e contínuo, adotando um estilo de vida saudável, que inclua cuidados com o peso e com a alimentação, prática de exercício físico, relaxamento físico e mental e controle do *stress*. É fundamental adotar uma atitude de promoção do bem-estar psicológico, evitar padrões de pensamento estressantes, saber dizer *não* na hora certa, deixar que a vida se desenrole com mais tranqüilidade, evitar a pressa exagerada, aprender a lidar com os sentimentos e manter uma atitude positiva diante da vida. Uma doença crônica, como a hipertensão, pode nos levar a reestruturar o nosso modo de ver o mundo e de viver o dia-a-dia.

Descobrir que somos portadores de uma doença crônica é, de repente, tomarmos contato com nossa vulnerabilidade, percebermos que somos frágeis e que a vida demanda um esforço programado e sistemático. É saber que não temos todo o controle em nossas mãos, mas entender que nos cabe, a cada dia, compensar a condição que temos em nosso corpo e sentir orgulho do esforço que fazemos no dia-a-dia para manter a saúde e a qualidade de vida. Cabe a cada um de nós assumir a responsabilidade pela própria vida.

Leituras recomendadas

Para todos

LIPP, M.E.N. (org.) (2000). *O stress está dentro de você*. São Paulo: Contexto.

_____ (2001). *O stress e a beleza da mulher*. São Paulo: Conection Books.

_____ (org.) (2003). *O stress do professor*. Campinas: Papirus.

_____ (org.) (2005). *Stress e o turbilhão da raiva*. São Paulo: Casa do Psicólogo.

_____ (org.) (2005). *Crianças estressadas: Causas, problemas e soluções*. 4ª ed. Campinas: Papirus.

_____ (org.) (2005). *Relaxamento para todos: Controle o seu stress*. 6ª ed. Campinas: Papirus.

LIPP, M.E.N. e MALAGRIS, L.E.N. (1996). *Conhecer e enfrentar o stress*. São Paulo: Contexto.

Para profissionais

LIPP, M.E.N. (org.) (2003). *Mecanismos neuropsicofisiológicos do stress. Teoria e aplicações clínicas*. São Paulo: Casa do Psicólogo.

_____ (org.) (2004). *O stress no Brasil: Pesquisas avançadas*. Campinas: Papirus.